• 대동여지도 지도표 •

영아 ▭ 영재읍치측무표	읍치 🟡 무성 🟠 유성	방리 ○	성지 ⛰ 산성 ⛰ 관성
진보 ▯ 무성 ▮ 유성	역참 ◐	창고 ▪ 무성 ▪ 유성	목소 🔲 牧 場/屬
봉수 ▲	고현 ● ◉ 유성 ◎ 구읍지유성	고진보 ▲ ● 유성	고산성 ▲
능침 🟠 원내 능호	파수 △	행정 경계 ～～～ 군현계	

한 눈 에 펼 쳐 보 는
대동여지도

글·지도 최선웅 | 그림 이혁

차례

- ❸ 대동여지도 전도
- ❹ 김정호는 어떤 사람인가
- ❻ 김정호가 이룬 업적
- ❽ 대동여지도는 어떤 지도인가
- ❿ 대동여지도는 어떻게 만들어졌나
- ⓬ 대동여지도 읽기
- ⓮ 대동여지도의 산줄기와 물줄기
- ⓰ 대동여지도에 나타난 행정 구역

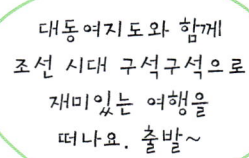

대동여지도와 함께 조선 시대 구석구석으로 재미있는 여행을 떠나요. 출발~

- ⓲ **도성** | 500년간 조선의 수도였던 한성부
- ⓴ **경조오부** | 도성과 주변 지역을 포함한 한성부 전역
- ㉒ **경기도** | 한성부를 둘러싼 조선의 중심 지역
- ㉔ **강원도** | 강릉과 원주에서 유래된 관동 지방
- ㉖ **충청도** | 충주와 청주에서 유래된 호서 지방
- ㉘ **전라도** | 전주와 나주에서 유래된 호남 지방
- ㉚ **제주도** | 조선 시대 전라도에 속했던 섬
- ㉜ **경상도** | 경주와 상주에서 유래된 영남 지방
- ㉞ **황해도** | 황주와 해주에서 유래된 해서 지방
- ㊱ **평안도** | 평양과 안주에서 유래된 관서 지방
- ㊳ **함경도** | 함흥과 경성에서 유래된 관북 지방

- ㊵ 찾아보기

대동여지도 전도

1861년 고산자 김정호가 제작한 대동여지도는 가로 2~8폭, 높이 22층, 총 120판으로 이루어진 목판본 지도예요. 실제로 측량해서 만든 지도는 아니지만 현대 지도와 비교해도 크게 차이가 나지 않는 조선 시대 가장 정확하고 큰 지도예요.

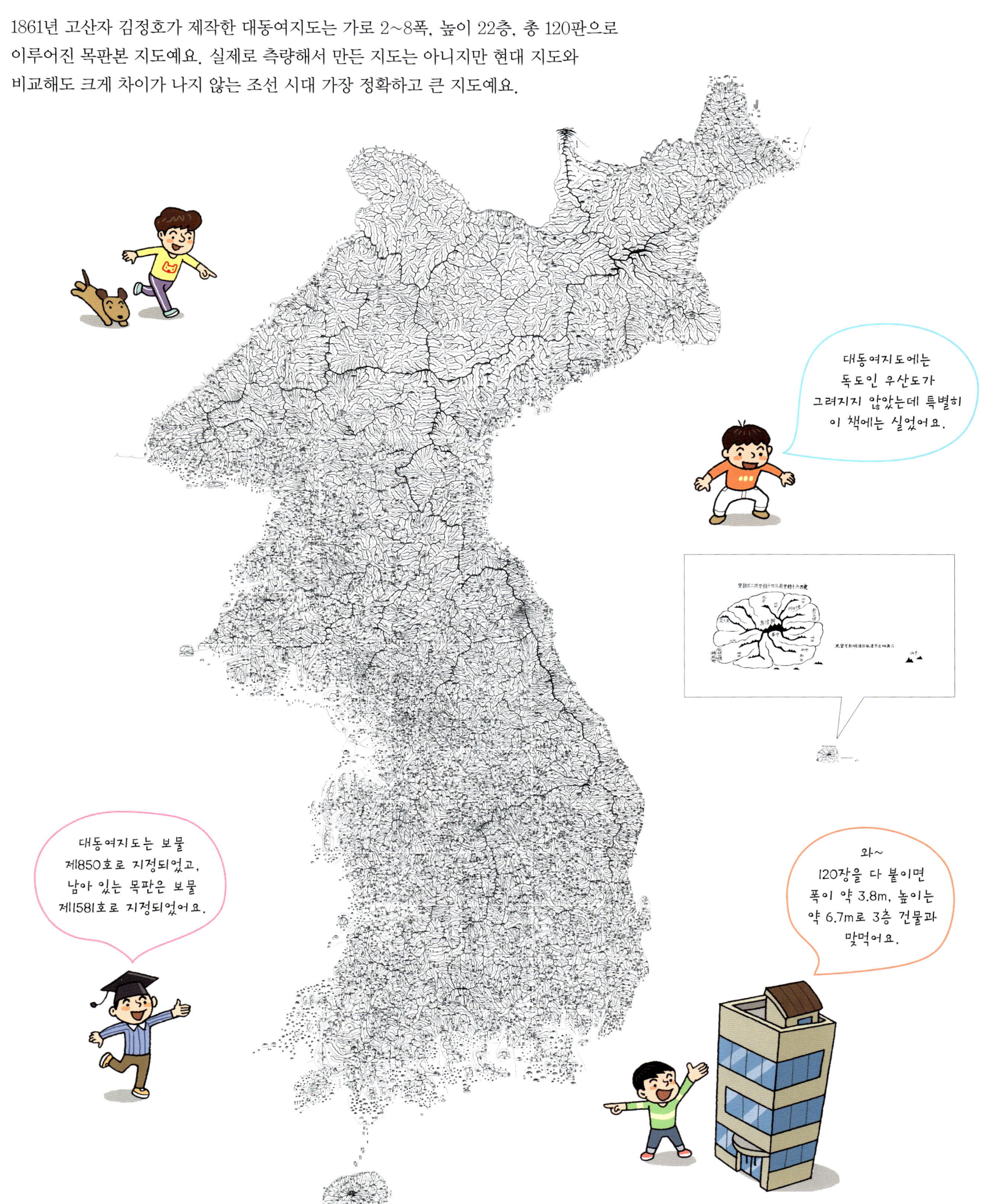

대동여지도에는 독도인 우산도가 그려지지 않았는데 특별히 이 책에는 실었어요.

대동여지도는 보물 제850호로 지정되었고, 남아 있는 목판은 보물 제581호로 지정되었어요.

와~ 120장을 다 붙이면 폭이 약 3.8m, 높이는 약 6.7m로 3층 건물과 맞먹어요.

김정호는 어떤 사람인가

김정호는 조선에서 가장 정확한 지도인 〈대동여지도〉를 제작한 위대한 사람이지만 그가 언제 태어나고 죽었는지 그의 생애에 대해서는 거의 알려진 바가 없어요. 그러나 김정호는 훌륭한 업적을 남겨 후대에 길이 그 이름을 떨치게 되었어요.

김기창 화백이 그린 김정호 초상화(국립현대미술관 소장)

지금까지 알려진 김정호의 생애

김정호가 언제 어디서 태어나서 언제 어디서 사망했는지, 가족 관계는 어떻게 되는지, 어디서 어떻게 활동했는지 등 그의 생애에 대해서는 정확히 알려진 것이 없어요. 다만 김정호는 1804년쯤에 태어나 1866년까지 살았을 것으로 짐작돼요. 그가 지은 《동여도지》에 의해 그의 출생지가 황해도 토산이고, 《여도비지》에 의해 그의 본관이 청도라는 것을 알 수 있어요.

그동안 잘못 알려진 김정호에 대한 기록

"김정호는 어려서부터 정확한 지도를 만들겠다는 뜻을 품고 10여 년간 전국을 세 번이나 돌고, 백두산에 여덟 차례 올라 마침내 〈대동여지도〉 원고를 완성하고, 한양에 올라와 소설을 지어 생계를 꾸리며 목판을 사 모아 딸과 함께 지도를 새겨 〈대동여지도〉를 완성하였다. 그러나 나라의 비밀이 들어간 지도를 만들었다 하여 지도 판을 압수당하고, 김정호와 딸은 붙잡혀 옥중에서 죽고 말았다."라는 글은 1934년 조선총독부에서 펴낸 《조선어독본》에 실린 것으로 지금까지 잘못 알려진 김정호에 대한 내용이에요.

김정호의 신분

김정호의 신분은 청도 김씨 대동보에 따르면 봉산파로 분류되지만 봉산파는 한국 전쟁으로 가계가 끊긴 것으로 밝혀졌어요. 그러나 〈대동여지도〉를 비롯해 여러 가지 지도를 제작한 점으로 미루어 세습적으로 기술직이나 사무직에 종사하던 중인 계층이었거나 양반집에서 잡무를 보던 겸인이 아니었을까 추정하고 있어요.

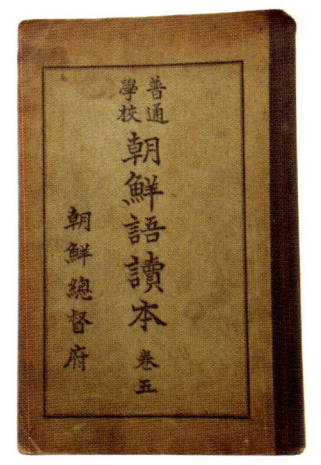

조선총독부 발행 《조선어독본》 권5 표지

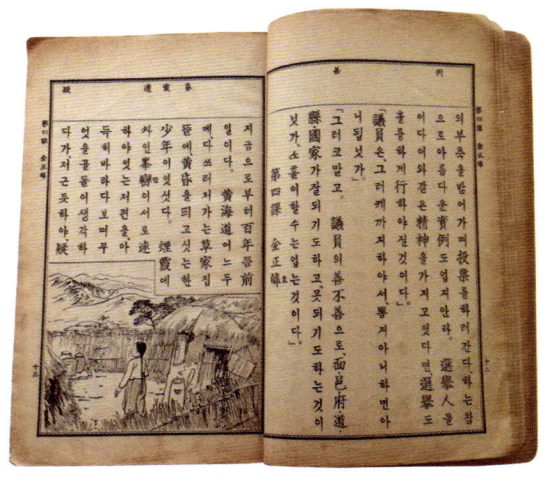

《조선어독본》 제4과 김정호 단원

김정호가 살았던 곳

김정호가 살았던 곳은 서울의 남대문 밖 약현 부근(지금의 만리동, 중림동, 봉래동 일대)으로 알려져 있어요. 현재 서울특별시 중구 중림동에 있는 중림동 삼거리에는 1991년 4월 문화부에서 세운 김정호가 살았다는 기념비가 세워져 있어요.

● 김정호에 대한 여러 사람의 기록

김정호에 대한 기록은 거의 없지만 지도를 통해 그와 친분을 맺었던 여러 사람의 기록으로 그의 인물 됨됨이와 능력을 엿볼 수가 있어요. 이규경은 김정호를 "그는 생각한 바가 다른 사람보다 뛰어나고 정밀하기가 보통이 아니었다."고 평가했어요.

김정호는 어떻게 기록되어 있을까?

조선 후기 학자 최한기의 〈청구도〉 서문

"벗 김정호는 젊은 시절부터 지도와 지지에 뜻을 두고, 오랫동안 자료를 찾아서 지도 만드는 모든 방법의 장단점을 자세히 살폈다. 매번 한가한 때 수집한 것을 자세히 살펴 제작 방식을 견주어 간편한 잣대를 구해 방안선을 그려 넣으니 물줄기를 자르고 산줄기를 끊었으며, 여러 고을을 흩어 놓았으니 참으로 땅의 주위를 살피기 어려웠다. 〈중간 생략〉 이에 전체 지도를 구획에 맞춰 쪼개어 중국 우왕이 구획한 것을 본받아 가장자리 선에 당시의 역산표를 써넣고 혹은 올리고 혹은 내려서 넓이와 형세를 맞추었다. 〈중간 생략〉 차례를 따라 펴 보면 완연한 한 폭의 전도요, 접어서 책을 만드니 팔도의 모습이 뚜렷하다〈이하 생략〉."

조선 후기 실학자 이규경의 《오주연문장전산고》

"근자에 김정호라는 사람이 〈해동여지도〉 2권을 지었는데, 따로 바둑판처럼 만들어 글자로 부호를 붙이고 서울과 군읍에 각각 그림 하나씩을 만들어 책에 넣고 글자의 부호에 따라 찾아보면 나란히 나타나서 착란하지 않으니, 그는 생각한 바가 다른 사람보다 뛰어나고 정밀하기가 보통이 아니었다. 그가 또 《방여고》 20권을 지었는데 《동국여지승람》을 가지고 잘못된 것을 바로잡고 시문을 교정하며 빠진 것을 보충하여 매우 해박하였으니, 그의 지도와 지지는 반드시 널리 전할 만한 가치가 있다."

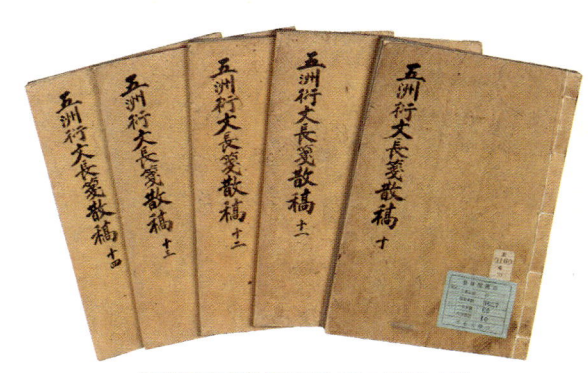
《오주연문장전산고》(서울대학교 규장각 소장)

조선 후기 무신 신헌의 《금당초고》

"나는 일찍이 우리나라 지도에 뜻을 두어 비변사와 규장각에 소장된 것과 옛집에 보관된 좀먹은 것까지 널리 수집해 밝혀 바로잡고, 여러 책을 비교하고 참고하여 하나로 편집해 두었다. 김백원 군(백원은 김정호의 다른 이름)에게 부탁해 그것을 완성하도록 하였는데 수년 걸려 비로소 한 부를 완성하니 모두 23권이다. 나누거나 합치기를 마음대로 하고 보기에 매우 편리하였다."

중인 출신 유재건의 《이향견문록》

"김정호는 스스로 호를 고산자라 하였는데, 원래 재주가 많고 지리학에 관심이 있었다. 두루 찾아보고 널리 수집하여 일찍이 〈지구도〉를 만들었고, 또 〈대동여지도〉를 만들었는데, 잘 그리고 잘 새겨서 세상에 펴내니 상세하고 정밀하기가 고금에 비할 바가 없다. 내가 하나를 구해 보았더니 가히 진실로 보배라 여길 만하였다. 또 《동국여지고》 10권을 편집하다가 탈고하지 못하고 죽었으니 정말 애석한 일이다."

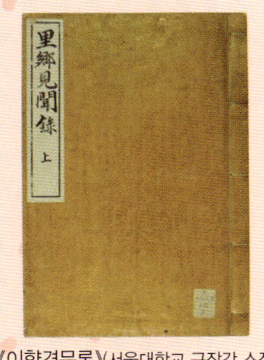
《이향견문록》(서울대학교 규장각 소장)

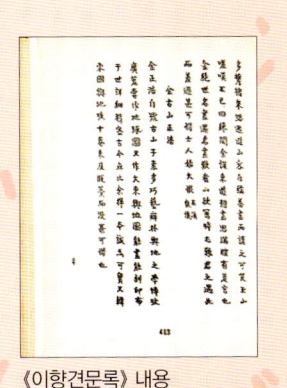
《이향견문록》 내용

김정호가 이룬 업적

김정호는 처음 최한기와 함께 〈지구전후도〉라는 세계 지도를 목판으로 제작하였고, 전국 지도인 〈청구도〉와 〈동여도〉를 제작한 뒤 목판으로 〈대동여지도〉를 제작했어요. 또 지도에 나타낼 수 없는 많은 지리 정보를 담은 세 편의 지리지까지 편찬했어요.

● 김정호가 제작한 지도

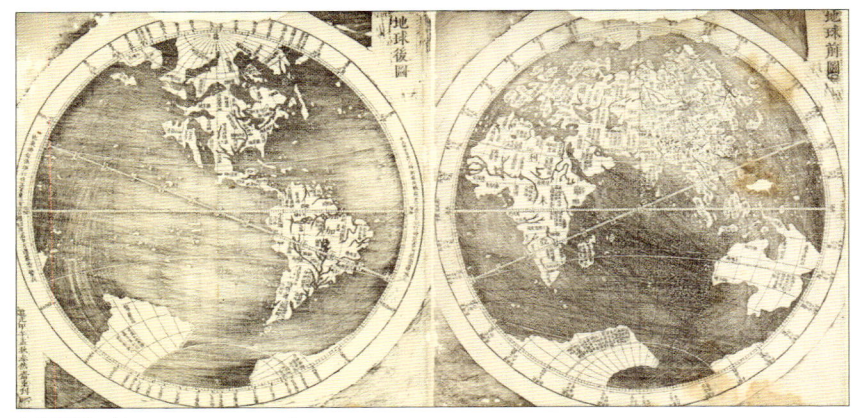

〈지구전후도〉(서울대학교 규장각 소장)

〈지구전후도〉

이규경이 편찬한 《오주연문장전산고》에 따르면 김정호는 친구 최한기의 부탁으로 1834년 순조 때 중국의 좡팅푸가 만든 〈지구전후도〉를 대추나무 목판에 새겼어요. 〈지구전후도〉는 동반구와 서반구로 나뉜 세계 지도로, 동반구에는 아시아와 오세아니아, 아프리카, 유럽 대륙이 그려져 있고, 서반구에는 북아메리카와 남아메리카 대륙이 그려져 있어요.

〈청구도〉

〈청구도〉는 김정호가 1834년(순조 34년)에 손으로 직접 그려 제작한 첫 번째 전국 지도책이에요. 이전 지도와 달리 전국을 가로 22판, 세로 29층으로 나누어 만든 방안(눈금)식 지도로, 전국을 같은 축척으로 만든 정밀한 지도예요. 지도는 건·곤 두 책으로 이루어졌는데, 홀수 층은 건 권에 싣고, 짝수 층은 곤 권에 실어 두 책을 위아래로 붙여 넓은 지역을 볼 수 있게 만들었어요. 책머리에는 최한기가 쓴 서문과 김정호가 쓴 청구도 범례가 있어 당시의 지도 제작 방법을 알 수 있어요.

〈청구도〉 개성부(국립중앙도서관 소장)

〈수선전도〉

'수선'이란 수도를 가리키는 말로, 〈수선전도〉는 조선 시대 수도인 한성부를 그린 지도를 말해요. 이 지도는 김정호가 1840년대에 목판에 새긴 것으로 목판 전체의 크기는 가로 67.5cm, 세로 82.5cm예요. 지도의 내용은 서울의 주요 도로와 왕궁·종묘·학교·성곽·명승지 외에도 당시의 행정 구역까지 상세하게 표현되었고, 460여 개의 지명이 쓰여 있어요.

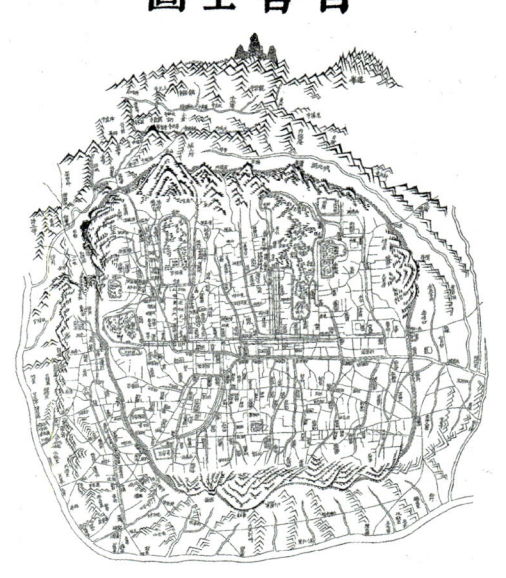

〈수선전도〉(서울대학교 규장각 소장)

〈동여도〉

〈동여도〉는 1857년(철종 8년)경에 김정호가 손으로 직접 그려 제작한 전국 지도로, 〈대동여지도〉 제작에 기초가 된 지도로 보고 있어요. 이 지도는 〈대동여지도〉와 같이 지도 22첩과 목록 1첩을 더해 23첩으로 이루어졌고, 병풍처럼 펼치고 접을 수 있도록 분첩절첩식으로 만들었어요. 〈대동여지도〉보다 지도의 내용이 더 자세하고 지명도 훨씬 많은 것이 특징이에요.

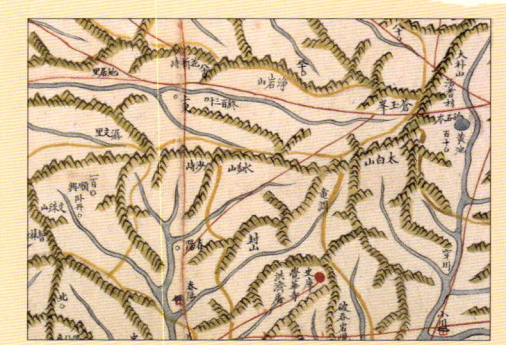

〈동여도〉(서울대학교 규장각 소장)

〈대동여지도〉

〈대동여지도〉는 1861년(철종 12년) 김정호가 목판에 새겨 만든 전국 지도예요. 가로 2~8폭, 세로 22층으로 구성해 전국을 120개 지도로 만들었고 목판에 새겨 대량 보급이 가능했어요. 전국 지도 외에도 조선의 수도 한양을 그린 '도성도'와 '경조오부도'도 있어요. 전국의 산줄기와 물줄기는 물론 도로·행정 경계·읍치·봉수·진보·역참·창고 등이 빠짐없이 기록돼 조선 최고의 지도로 평가되는 훌륭한 지도예요.

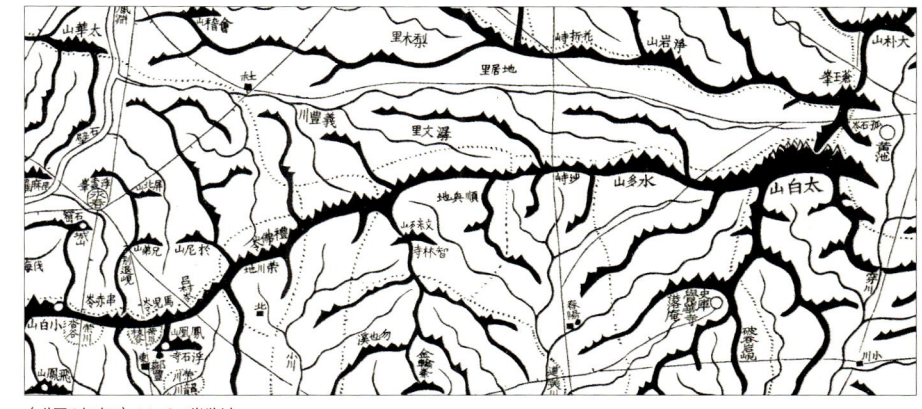

〈대동여지도〉 14-3 태백산

• 김정호가 편찬한 전국 지리지

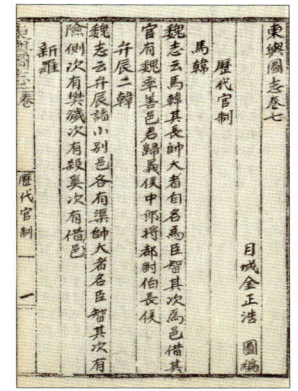

《동여도지》(서울대학교 규장각 소장)

《동여도지》

《동여도지》는 1834년에서 1844년 사이에 김정호가 직접 써서 펴낸 최초의 전국 지리지예요. 지리지는 '지지'라고도 하는데, 조선의 행정 구역 단위로 각 지역의 역사와 지리적 내용을 기록한 책이에요. 《동여도지》에는 지지 외에도 역대 주현(고을), 역대 강역(국토), 역대 풍속, 연대 관제 등 역사적인 내용과 도로에 관한 내용이 정리되어 있어요.

《여도비지》

《여도비지》는 1853년에서 1856년 사이에 김정호가 최성환과 함께 펴낸 전국 지리지예요. 최성환이 지지를 쓰고, 김정호가 지도를 그려 합친 책으로 20책으로 이뤄졌어요. 이 책은 지리지 내용을 간략하게 쓴 것이 특징이고, 각 도의 첫머리에는 호구(가구와 식구 수), 전부(토지), 강역표, 극고표(위도 좌표), 방위표, 군 전적표(군인에게 나눠 준 토지), 도리표(이정표) 등이 쓰여 있어요.

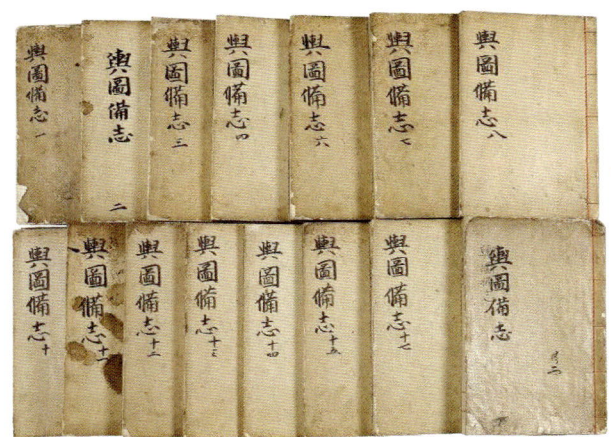

《여도비지》(국립중앙도서관 소장)

《대동지지》

《대동지지》는 1861년(철종 12년)에서 1866년(고종 3년) 사이에 김정호가 펴낸 전국 지리지예요. 전체 15책으로 이뤄졌는데, 마지막 부분은 완성하지 못하고 말았어요. 조선을 8도로 구분해 각 군현에 대한 연혁과 산수, 형세, 토산물 등 지리적 내용을 상세히 기록하여 지도와 함께 볼 수 있도록 하였어요. 책 뒤쪽에는 도로에 대한 '정리고'와 우리나라의 역사를 기록한 '방여총지'가 실려 있어요.

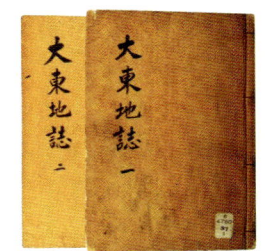 

《대동지지》(한국학중앙연구원 소장) (국립중앙도서관 소장)

대동여지도는 어떤 지도인가

'대동'은 조선을 가리키는 말이고, '여지도'는 지도를 가리키는 말로 '대동여지도'는 바로 '조선의 지도'라는 뜻이에요. 목판으로 제작된 〈대동여지도〉는 조선 시대 전국 지도 가운데 가장 크고 정확한 지도로, 오늘날의 국가 기본도인 지형도와 같은 지도라고 할 수 있어요.

전국을 일정한 크기로 만든 지도

〈대동여지도〉는 우리나라 전국을 가로 39.5cm, 세로 29.5cm의 일정한 크기로 동서 2~8폭, 남북 22층으로 잘라 만든 방안(눈금)식 지도예요. 이렇게 방안으로 일정하게 자른 지도는 전국적으로 120장이 되고, 이를 모두 이어 붙이면 가로 약 3.8m, 세로 약 6.7m의 대형 전국 지도가 되어요. 전국 지도 이외의 지도로는 조선의 수도 한양을 그린 '도성도'와 한양 주변을 그린 '경조오부도'가 있어요.

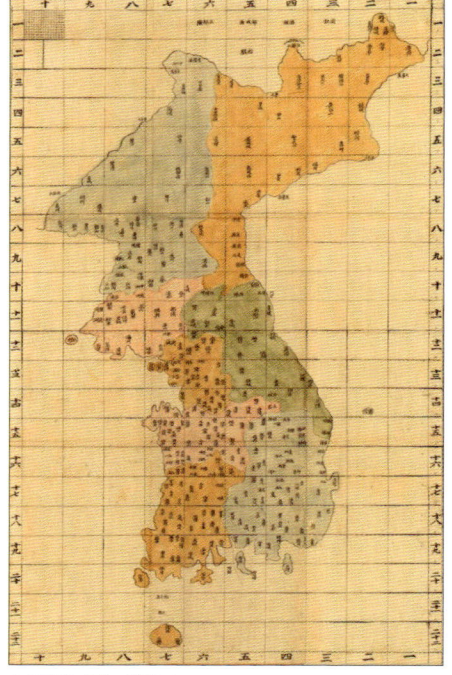

〈대동여지도〉 색인도

10리 척으로 만든 지도

〈대동여지도〉는 측량해 제작한 지도는 아니에요. 조선 시대에는 통일된 도량형 제도가 없었기 때문에 현대 지도와 같이 정확한 축척을 계산하기 어려웠어요. 그러나 방안표의 눈금 한 칸의 거리가 10리이고, 눈금 한 칸의 실제 길이가 2.5cm이므로 이것으로 축척을 계산할 수 있어요. 따라서 10리를 4km로 환산하면 축척은 160,000분의 1이 되고, 10리를 조선 시대 잣대인 5.4km로 환산하면 축척은 216,000분의 1이 돼요.

내용이 풍부하고 과학적인 지도

〈대동여지도〉는 조선의 전국 지도 가운데 내용이 가장 자세하고 풍부한 지도예요. 우리나라의 지형을 산줄기와 물줄기로 묘사하고, 해안선에 작은 섬들까지도 빠짐없이 그려 넣었어요. 또 조선 시대 행정 구역은 점선 경계로 표시하고, 전국의 읍치와 도로·성곽·역참·창고·봉수·진보·능묘 등은 지도표에 따른 기호로 표시해 현대의 지도와 비교해도 손색이 없는 과학적인 지도예요. 이 밖에 11,677개에 달하는 많은 지명이 표기되어 있어요.

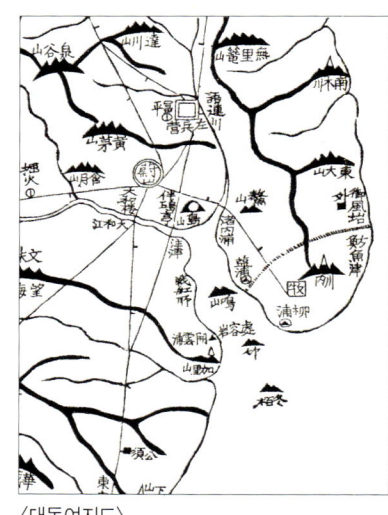
〈대동여지도〉

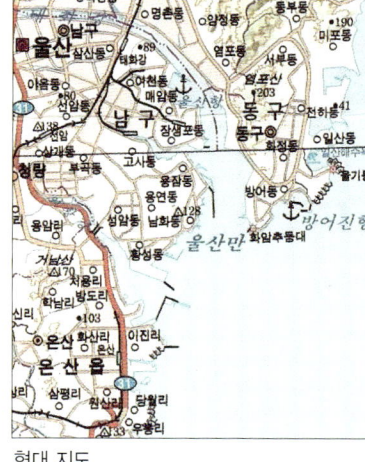
현대 지도

〈대동여지도〉의 방안(눈금)표

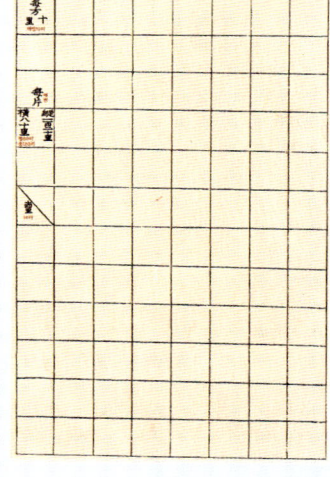

〈대동여지도〉에 실려 있는 가로 8칸, 세로 12칸의 방안표는 지도 한 장을 반으로 접은 한 면의 크기로 〈대동여지도〉 제작의 기초가 되었어요. 이 방안표로 지도상의 거리와 지도의 축척도 계산해 낼 수 있어요. 표에 적힌 '매방십리'는 눈금 한 칸의 거리가 10리(4km)라는 뜻이고, '매편 종백이십리 횡팔십리'는 방안표 한 면 세로 크기가 120리(48km), 가로 크기가 80리(32km)라는 뜻이에요. '십사리'는 대각선 거리를 나타낸 것이에요.

대량 보급을 위한 목판 인쇄 지도

〈대동여지도〉는 손으로 직접 그려 만든 필사본 지도와 달리 목판에 새겨 종이에 인쇄한 지도로 대량 보급이 가능했어요. 〈대동여지도〉는 표지·지도유설·팔도행정통계·도성도·경조오부도와 전국 지도 120장을 합쳐 모두 126장이 되나, 목판은 앞뒤로 새기고 내용이 작은 지도는 한 판에 두 개 또는 세 개를 새겨 목판을 절약했기 때문에 목판의 수는 60장 정도로 보고 있어요.

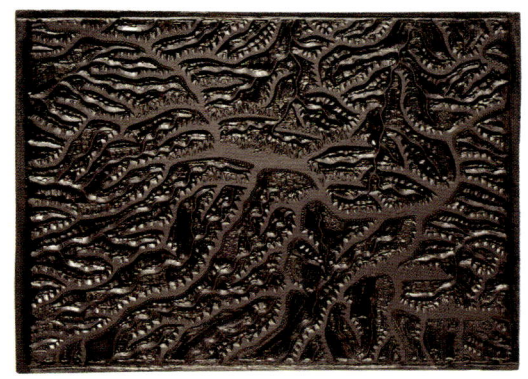

〈대동여지도〉 4-3 갑산 목판(국립중앙박물관 소장)

보관과 휴대가 편리한 지도

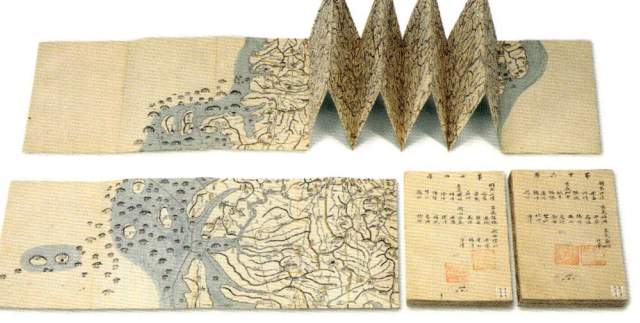

〈대동여지도〉의 분첩절첩식 제책(자료 국립중앙박물관)

〈대동여지도〉는 조선 시대 가장 큰 전국 지도이면서 보거나 휴대하기 편리하도록 분첩절첩식으로 만들었어요. 전국 22층을 각 층별로 지도를 서로 이어 붙인 뒤 지도 한 장을 반으로 지그재그로 접어 1첩으로 만들면 병풍처럼 펼쳐 볼 수 있어요. 이렇게 첩으로 제책된 크기는 가로 19.8cm, 세로 29.8cm로 보관과 휴대에 매우 편리해요. 또 각 층끼리 붙여 넓은 지역을 볼 수도 있고, 필요한 첩만 뽑아 휴대하고 다닐 수도 있었어요.

〈대동여지도〉 목판

〈대동여지도〉를 새긴 목판은 수령 100년이 되는 피나무를 사용했고, 목판의 크기는 가로 43cm, 세로 32cm, 두께는 1.5cm 내외였어요. 〈대동여지도〉 목판은 1861년(신유년)에 처음 새겼고 1834년(갑자년)에 틀린 것을 찾아내 목판을 수정하였어요. 현재 남아 있는 목판은 모두 12장으로 국립중앙박물관에 11장, 숭실대학교 한국기독교박물관에 1장이 소장되어 있어요.

> 와~ 목판이 이렇게 생겼구나!

〈대동여지도〉 표지 목판(국립중앙박물관 소장)

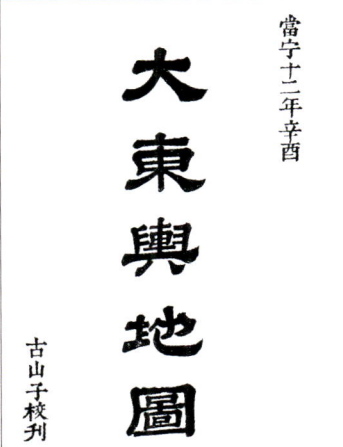

〈대동여지도〉 표지

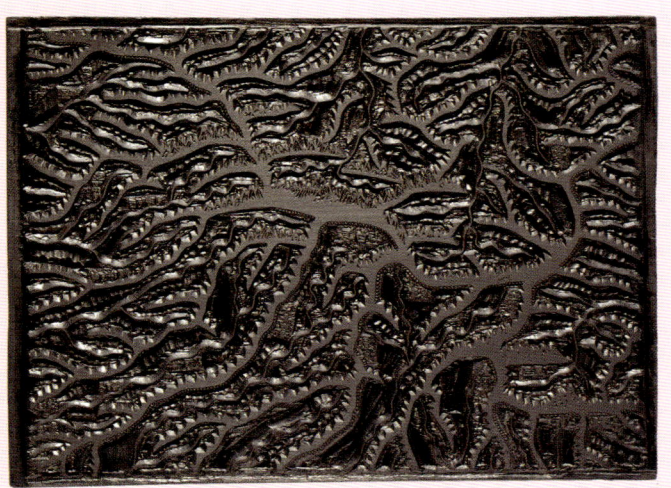

〈대동여지도〉 4-2 장백산 목판(국립중앙박물관 소장)

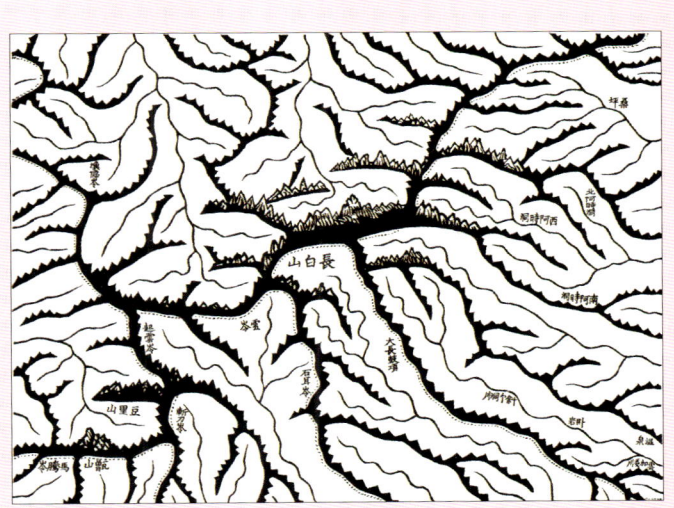

〈대동여지도〉 4-2 장백산

대동여지도는 어떻게 만들어졌나

〈대동여지도〉를 제작하는 일은 우선 바탕이 되는 지도를 수집한 다음, 이것을 편집해 지도 원고를 만드는 것에서 시작했어요. 그다음 지도를 새길 목판을 준비하고 조각칼과 망치로 원고대로 지도의 선과 수많은 글자를 새겼어요. 틀린 부분은 깎아 내고 나무를 덧대어 다시 새겼어요.

〈대동여지도〉를 제작하기 위한 준비

〈대동여지도〉는 김정호 혼자서 만든 것으로 알려져 있지만 그건 사실이 아니에요. 〈대동여지도〉와 같은 대형 전국 지도를 만들기 위해서는 제작에 참여할 인원이 구성되고 재료 준비나 자금 마련도 필요했어요. 참여 인원으로는 지도 제작 전문가, 목판을 새길 각수, 지도를 인쇄할 인출장, 제책을 담당할 기술자 등이고 재료는 목판에 쓸 판재나 판각용 도구, 종이, 먹 등이에요.

제작에 기초가 된 지도

김정호는 〈청구도〉나 〈동여도〉, 〈대동여지도〉와 같은 전국 지도를 제작할 때 직접 측량하거나 현지 조사를 다니지는 않았어요. 기존에 만들어진 여러 가지 지도와 지리지를 참조하고 새로운 편찬 방법을 고안해 지도를 제작했어요. 전국 지도 제작의 기초가 된 지도로는 100리 척으로 제작된 조선전도나 10리 방안의 도별지도, 20리 방안의 군현지도 등이 있어요.

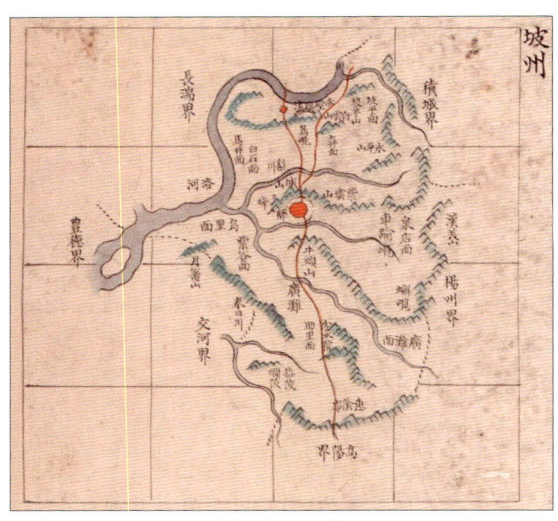

20리 방안 군현지도(서울대학교 규장각 소장)

〈대동여지도〉의 제작 방법

김정호가 〈청구도〉를 제작한 방법에 대해서는 최한기가 쓴 청구도 서문과 김정호가 작성한 청구도 범례에 지도 편집과 제작의 원칙이 설명되어 있어요. 그 내용은 지도의 표현 방식과 생략 기법에 대한 설명과 지형을 간략하게 묘사는 방법, 지리지에 기록된 지명의 위치에 관한 설명, 지도의 규범과 지형지물의 묘사에 관한 설명, 지도를 축소해 작은 지도를 만드는 방법 등이 있어요. 〈대동여지도〉는 이러한 원칙에 따라 지도 편집과 제작이 이뤄졌어요.

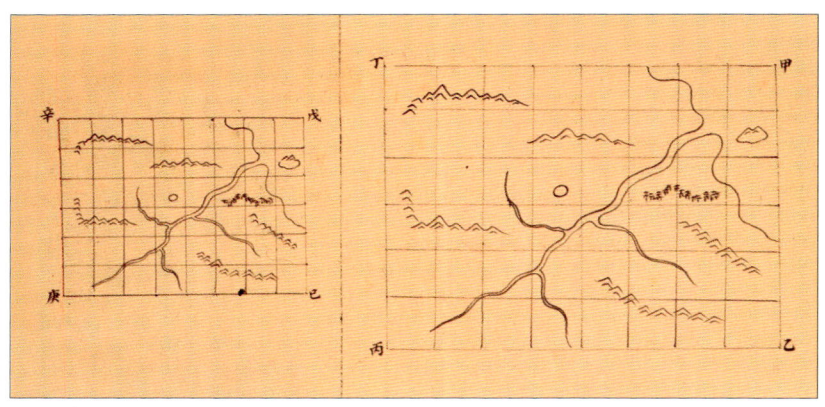

〈청구도〉의 지도 범례에 있는 지도 축소·확대 방법

판각에 필요한 재료와 도구

지도를 새길 목판 재료로는 배나무나 감나무, 박달나무, 피나무 등을 사용해요. 판재는 필요한 크기로 잘라 소금물이나 물웅덩이에 2~3개월 담가 놓은 뒤, 방충과 뒤틀림을 방지하기 위해 소금물에 삶아 말려서 사용해요. 건조된 판재는 대패로 새길 면을 매끈하게 다듬어야 해요. 목각 도구로는 조각칼과 끌, 망치, 숫돌 등이 필요하고, 인쇄를 하기 위해서는 종이와 먹물, 먹 솔, 말총 문지르개 등이 필요해요.

● 대동여지도가 제작되기까지

1. 제작 기획

지도의 제작 방법과 표현 방식, 크기, 형식, 지도표 등을 정해요.

2. 자료 수집

원고 편집에 필요한 각종 지도와 지리지 등을 수집하고 분석해요.

3. 원고 편집

수집한 자료를 참조해 지도 제작의 골격이 되는 원고를 편집해요.

4. 원도 제작

편집된 원고에 따라 목판을 새기기 위한 원도를 그려요.

5. 판재 손질

판목을 정해진 크기로 잘라 대패로 새길 면을 매끈하게 다듬어요.

6. 원도 붙이기

판면에 풀을 칠한 뒤 원도를 뒤집어 붙이고, 종이가 마르면 기름을 얇게 발라요.

7. 목판 새김질

목판에 선과 글자가 튀어나오도록 양각으로 정확하게 새겨요.

8. 목판 인쇄

먹 솔에 먹물을 묻혀 판면에 고루 칠한 다음, 종이를 얹어 말총 문지르개로 가볍게 두드려 찍어 내요.

9. 절첩식 제책

인쇄된 종이를 층별로 이어 붙인 뒤 지그재그로 접어 절첩식으로 만들어요.

대동여지도 읽기

〈대동여지도〉를 읽으려면 무엇보다 지형의 근간이 되는 산줄기와 물줄기의 관계를 잘 살펴야 해요. 그다음 도로·경계·영아·읍치·방리·성지·진보·역참·창고·봉수 등 '대동여지도 지도표'에 나와 있는 기호를 잘 익혀야 해요. 지명은 모두 한자로 표기되어 읽기 어려워요.

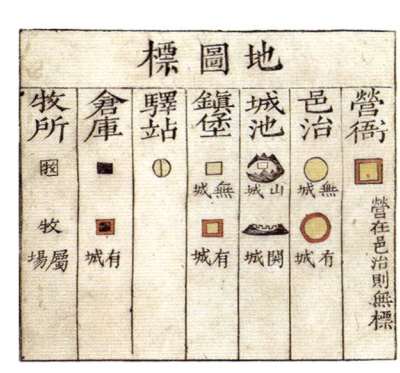

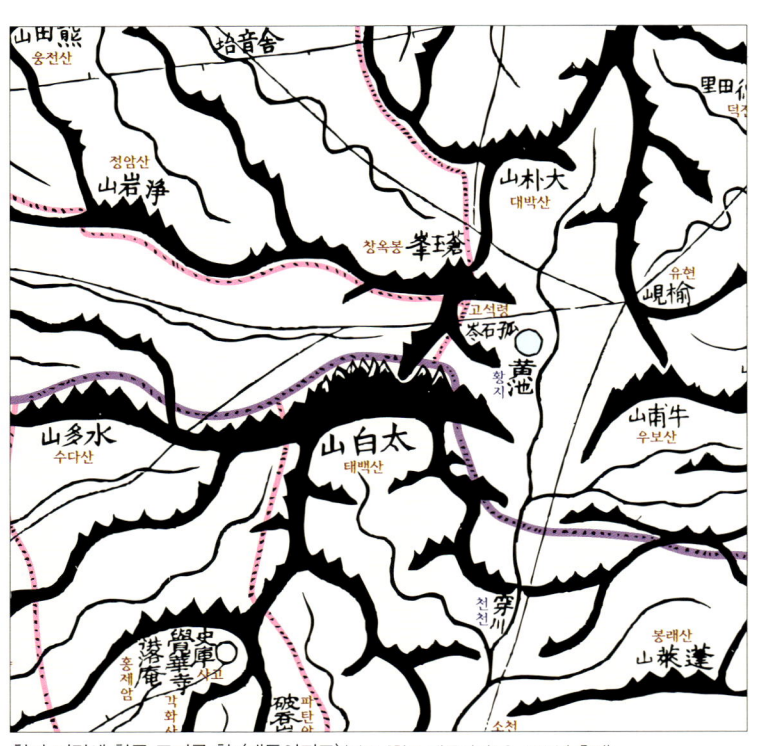

한자 지명에 한글 표기를 한 〈대동여지도〉(자료 《한글 대동여지도》, 2017년 출간)

《산경표》에 따라 그려진 산줄기

〈대동여지도〉에 그려진 산줄기는 영조 때 학자인 신경준이 조선의 산줄기를 체계적으로 정리한 《산경표》에 따라 그렸어요. 우리나라의 산줄기는 백두산에서 뻗어 내린 백두대간을 근간으로 국토 구석구석에 이르기까지 모든 산줄기가 끊어짐 없이 이어진 것이 특징이에요. 산줄기는 산봉우리가 연이어 솟은 톱니 모양으로 표현하고 백두대간은 가장 굵게, 그다음 정맥과 지맥 순으로 굵기를 달리했어요.

제각기 다른 산의 모습

산은 그 수만큼 제각기 다른 모습으로 그려져 있어요. 백두산은 바위 봉 아래로 산줄기를 겹겹이 그려 웅장한 모습으로 그렸고, 금강산은 수많은 바위 봉으로 일만 이천 봉을 아름답게 묘사했어요. 한라산은 우람한 바위산에 둘러싸인 백록담을 그렸어요. 그 밖에 이름난 산들은 봉우리 위에 바위를 덧그리고, 평범한 산은 봉우리만 3개 이상 두드러지게 그렸어요.

쌍선과 단선으로 그려진 물줄기

물줄기는 두 선으로 그린 쌍선 하천과 한 선인 단선 하천으로 구분해 그렸어요. 쌍선 하천은 조선 시대 배가 다니던 하천으로 하류 쪽은 폭이 넓고 상류로 갈수록 폭이 좁아져요. 그래서 나루터는 쌍선 하천에만 표시되어 있어요. 단선 하천도 하류는 굵게, 상류로 갈수록 가늘고 뾰족하게 물줄기의 모습대로 그렸어요.

자연 호수와 인공 저수지

〈대동여지도〉의 자연 호수는 함경도와 강원도의 동해안 가에 많이 분포하고, 산정 호수로는 백두산 꼭대기의 대택(천지)과 한라산의 꼭대기의 백록담이 있어요. 인공적으로 만든 저수지는 황해도 연안의 남대지, 충청도 당진의 합덕지·제천의 의림지, 전라도 익산의 황등제·김제의 벽골제·고부의 눌제, 경상도 상주의 공검지·밀양의 수산제 등이 있어요.

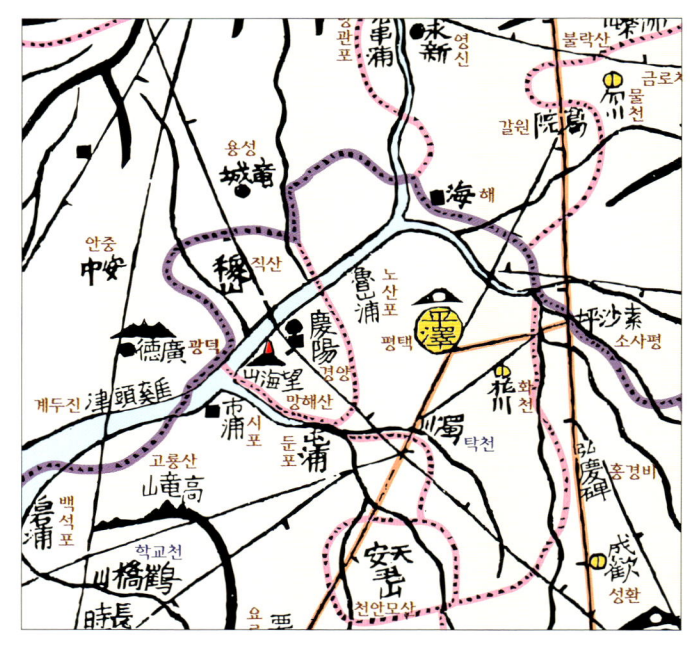

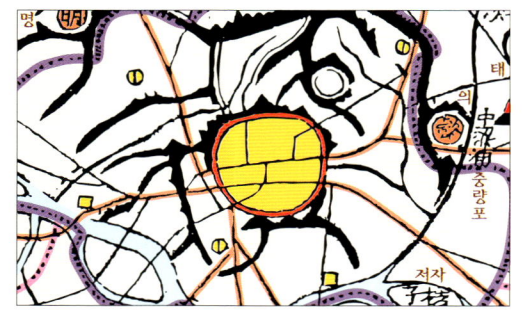

직선으로 그려진 도로

〈대동여지도〉의 도로는 모두 직선으로 표시되고 간선 도로 상에는 일정한 간격으로 눈금이 그려져 있어요. 지도표에 나와 있는 대로 한 눈금의 간격은 10리를 나타내요. 눈금의 간격은 지형의 높낮이에 따라 간격이 달라지는데, 평지에서는 간격이 2.5cm인 반면, 산지에서는 1.5cm로 좁게 표시하였어요. 조선 시대의 주요 도로인 10대로는 한양을 기점으로 의주·경흥·평해·동래·봉화·강화·수원·해남(전라우수영)·충청수영·통영에 이르는 도로를 말해요.

● 대동여지도 지도표 읽기

〈대동여지도〉는 현대의 지도와 같이 주요 목표물은 물론 옛날의 고현이나 고산성에 이르기까지 모두 지도표(기호)로 나타내 지도를 간략화해서 이용하기 편리해요.

지도표를 보면 이 지역에 무엇이 있었는지 바로 알 수 있어!

영아 ☐ 영재읍치측무표
군대가 주둔하는 관아로 병영, 수영, 감영, 행영 등이 있어요. '영재읍치측무표'는 영아가 읍치에 있어 기호를 생략한다는 뜻이에요.

방리 ○
지방의 마을을 이르는 말로 지금의 읍·면·동·리와 같은 것이에요.

진보 ☐ 무성 ☐ 유성
적을 방어하기 위해 쌓은 진지로 성이 있으면 쌍선 사각형으로, 성이 없으면 단선 사각형으로 표시했어요.

창고 ■ 무성 ☐ 유성
창고는 곡식이나 무기·의장·직물 등을 저장하는 곳으로, 성이 있는 것과 없는 것으로 구분했어요.

봉수 ▲
봉수는 횃불과 연기로 변방의 긴급한 상황을 중앙에 신속하게 알리는 통신 제도로, 지도에는 군사적 통신 목적으로 설치된 봉수대를 표시했어요.

고진보 ▲ ⬔ 유성
옛날의 진보로 성이 있는 곳과 성이 없는 곳으로 구분했어요.

능침 ● 원내 능호
임금이나 왕비의 무덤으로, 원 기호 안에 능침의 이름 첫 글자를 적었어요. '시봉능호서권내'란 기호 안에 능침의 이름을 써넣었다는 뜻이에요.

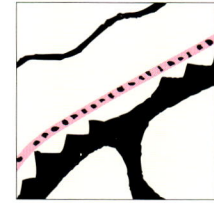

행정 경계 ---- 군현계
전국 군현의 경계는 점선으로 표시되었어요. 소속 군현과 따로 떨어져 있는 월경지도 같은 점선으로 그렸어요.

읍치 ○ 무성 ⊙ 유성
전국 지방 행정 단위의 소재지로 성이 있으면 쌍선 원으로, 성이 없으면 단선 원으로 표시하고 원 안에는 읍치 이름을 써넣었어요.

성지 ⌒ 산성 ⌒ 관성
적을 방어하기 위해 쌓은 성과 그 주위에 파놓은 못으로, 산성이라고도 해요.

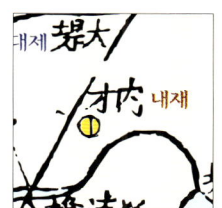

역참 ⊕
공적인 사무로 여행하는 사람에게 말과 숙식을 제공하는 곳으로, 주요 도로에 말을 타고 하루에 갈 수 있는 거리마다 설치되어 있어요.

목소 牧 牧場屬
행정이나 군사적으로 필요한 말을 기르던 목장으로 사각형 내에 '목' 자를 쓴 기호는 종6품 감목관이 관리하던 곳이에요.

고현 ● ◉ 유성 ◎ 구읍지 유성
폐지된 군현의 소재지로 성이 있는 곳과 성이 없는 곳으로 구분했어요.

고산성 ⛰
옛날의 산성이나 폐지된 산성을 말해요.

파수 △
파수는 '경계하여 지킨다'라는 뜻으로, 조선 시대 변방의 초소나 궁궐 문, 도성을 수비하던 군인들을 말하기도 해요.

지명
〈대동여지도〉에 수록된 지명은 모두 11,677개나 돼요. 이 가운데 자연 지명은 산·고개·하천·못·섬·해안·평야 등이고, 인문 지명은 행정·취락·경제·교통·군사·문화와 관련된 지명이에요.

대동여지도의 산줄기와 물줄기

우리나라 국토 구석구석의 산줄기와 물줄기를 자세히 표현했어!

〈대동여지도〉는 전국의 지형을 우리나라 전통의 산줄기와 물줄기로 나타냈어요.
백두산에서부터 시작되는 모든 산줄기는 지질적인 산맥과 달리 끊어짐 없이 이어지고,
산자분수령의 원리대로 산줄기는 물을 끊지 않고, 물은 산을 넘지 않아요.

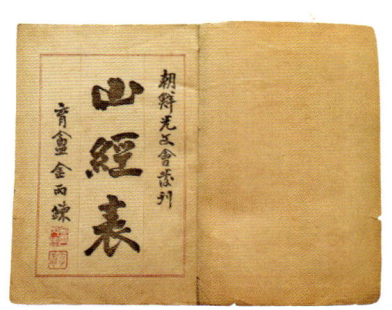
《산경표》 내표지

《산경표》 내용

우리나라 전통의 산줄기와 물줄기

우리나라의 모든 산줄기는 백두산에서 비롯되어 국토 구석구석에 이르기까지 끊어짐 없이 연결된 것이 특징이에요. 조선 영조 때 학자인 신경준은 우리나라 고유의 산줄기 개념을 체계적으로 정리하여 《산경표》라는 책을 만들었어요. 《산경표》는 우리나라의 산줄기를 크게 1개의 대간과 1개의 정간, 13개의 정맥으로 구분했어요. 또한 '산은 물을 가르고, 물은 산을 건너지 않는다.'는 산자분수령의 원칙에 따라 물줄기는 모여 강을 이루고 바다로 흘러들어요.

교과서에 나오는 지질 구조에 따른 산맥

교과서에 나오는 태백산맥, 소백산맥, 차령산맥 등 우리나라의 산맥 체계는 20세기 초 우리나라에 와서 지질 조사를 한 일본인 지질학자 고토 분지로에 의해 조사되어 이름 붙여진 것이에요. 이 지질학적 산맥은 지각 변동에 의해 생긴 지질 구조선에 따라 형성된 것으로 실제 산줄기와는 일치하지 않으며, 물줄기를 무시하고 가로질러 우리나라의 전통 산줄기와는 근본적으로 달라요.

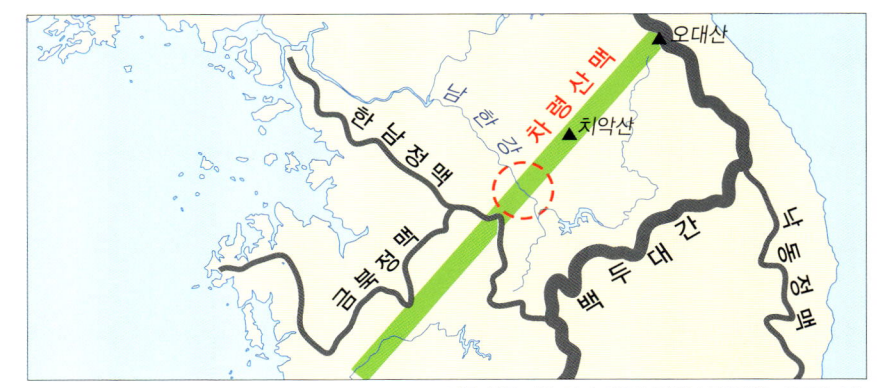
전통 산줄기와 달리 차령산맥은 남한강을 가로질러요.

〈대동여지도〉와 《산경표》

〈대동여지도〉에 그려진 산줄기는 땅 위에 드러난 산줄기를 그대로 나타내고 있어 《산경표》의 체계와 일치해요. 〈대동여지도〉에 백두대간이나 정간, 정맥 등의 이름은 없으나, 산줄기는 《산경표》의 체계를 따르고 있어요.

백두대간	백두산에서 뻗어 내려 금강산, 태백산, 소백산을 연결하며 지리산까지 이어지는 산줄기로 우리나라 국토의 뼈대를 이루는 가장 큰 산줄기예요.
장백정간	백두대간의 두류산에서 갈라진 산줄기로 함경북도 내륙을 가로질러 두만강 하구인 서수라까지 뻗은 산줄기예요.
청북정맥	백두대간의 마대산에서 서북쪽으로 평안북도 내륙을 가로질러 청천강 북쪽과 압록강 남쪽 수계를 가르는 산줄기예요.
청남정맥	청북정맥의 낭림산에서 서남쪽으로 대동강 하구까지 이어지는 산줄기로, 대동강 북쪽과 청천강 남쪽 수계를 가르는 산줄기예요.
해서정맥	백두대간 원산 서쪽의 두류산에서 갈라져 남서쪽으로 서해안 장산곶까지 이어지는 산줄기로, 대동강 남쪽과 예성강 북쪽 수계를 가르는 산줄기예요.
임진북예성남정맥	해서정맥 명지덕산에서 갈라져 임진강 하구까지 이어지는 산줄기로, 예성강 남쪽과 임진강 북쪽 수계를 가르는 산줄기예요.
한북정맥	백두대간의 추가령에서 갈라져 경기도 파주 교하까지 이어지는 산줄기로, 임진강 남쪽과 한강의 북쪽 수계를 가르는 산줄기예요.
한남금북정맥	백두대간의 속리산 문장대에서 갈라져 칠현산까지 이어지는 산줄기예요.
한남정맥	한남금북정맥의 끝 칠현산에서 북서쪽으로 경기도 김포 문수산까지 이어지는 산줄기예요.
금북정맥	한남금북정맥의 끝 칠현산에서 남서쪽으로 태안반도 서쪽의 안흥진까지 이어지는 산줄기예요.
금남호남정맥	덕유산 남쪽 영취산에서 북서쪽으로 주화산까지 이어지는 짧은 산줄기예요.
금남정맥	금남호남정맥 끝 주화산에서 북서쪽으로 부여의 조룡대까지 이어지는 산줄기예요.
호남정맥	금남호남정맥 끝 주화산에서 남쪽으로 광양 백운산까지 이어지는 산줄기예요.
낙동정맥	백두대간 태백산 줄기에서 남쪽으로 부산 몰운대까지 이어지는 산줄기로, 동해안과 낙동강 유역을 가르는 산줄기예요.
낙남정맥	백두대간 지리산 영신봉에서 남동쪽으로 김해의 분산까지 이어지는 산줄기예요.

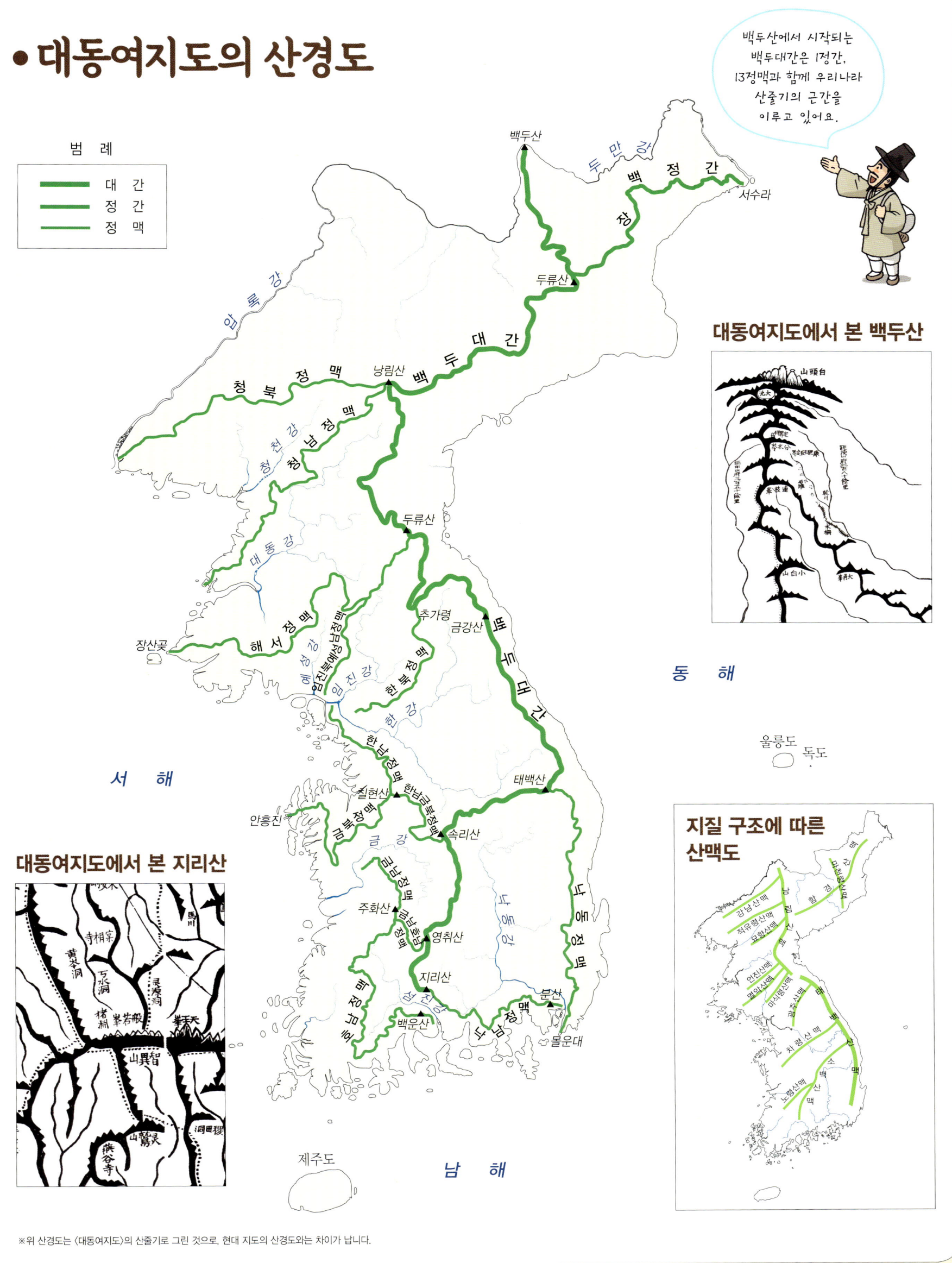

대동여지도에 나타난 행정 구역

조선 시대의 행정 구역은 전국을 8도로 나누어 관할하였고, 이 체제는 조선 시대 말까지 계속되었어요. 〈대동여지도〉에는 8도에 속한 334개에 이르는 군현이 모두 표시되어 있고, 이 밖에 다른 군현에 속한 특수 행정 구역인 월경지가 74개나 표시되어 있어요.

조선 시대의 행정 구역

조선 시대의 행정 구역은 태종 13년(1413년)에 전국을 8도로 나누고, 고을을 정리하여 전국에 약 330여 개의 군현을 두었어요. 이 행정 구역은 약간의 변경이 있긴 했으나 조선 시대 말까지 500여 년간 그대로 유지되었어요. 조선의 도읍지인 한성부(또는 한양)는 8도에 속하지 않는 특수 행정 구역이에요. 전국의 행정 구역 명칭인 '팔도'는 여러 지방을 일컫는 말이지만 우리나라의 전통 문화라는 뜻으로도 쓰이고 있어요.

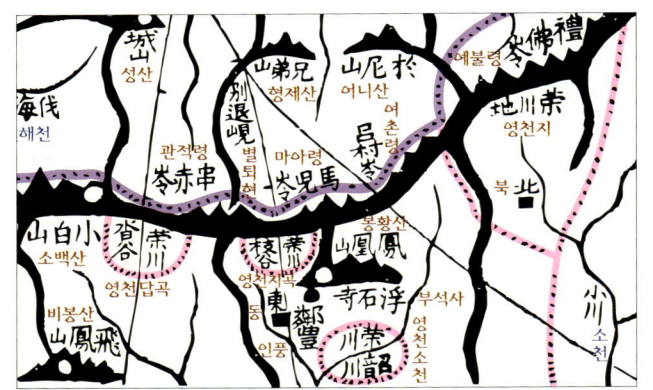

〈대동여지도〉에 나타난 행정 구역

〈대동여지도〉에 나타난 행정 구역은 한성부와 전국 8도로 나눠지고, 8도는 다시 334개에 달하는 군현(읍)으로 구분되어 있어요. 한성부의 행정 구역은 5부 54방으로 구성되고 그 밑에는 방·계·동을 두었어요. 8도의 각 도별 행정 구역은 경기도 37읍, 충청도 54읍, 강원도 26읍, 전라도 56읍, 경상도 71읍, 황해도 23읍, 평안도 42읍, 함경도 25읍으로 구성되고, 군현 밑에는 면·리 등을 두었어요. 〈대동여지도〉에는 점선으로 군현의 경계만 그려져 있어서 8도의 경계를 알 수 없어요.

조선의 지방 행정 제도

전국 8도에는 관찰사를 두어 지방 행정이 잘 수행되는지 수시로 점검하고 행정 지원이나 군현의 수령을 지휘 감독하게 했어요. 부·목·군·현에는 수령을 두어 행정, 사법, 군사 등의 업무를 총괄하게 하고, 수령 밑에는 6방(이·호·예·병·형·공)의 향리를 두어 행정 실무를 담당하게 했어요. 또 지방의 양반이나 유지들의 모임인 향청(유향소)은 수령과 향리를 돕는 한편 그들의 부정과 비리를 감시했어요.

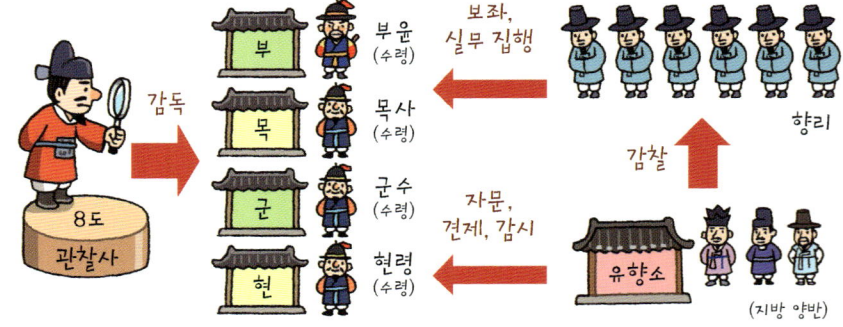

군현의 특수 행정 구역 월경지

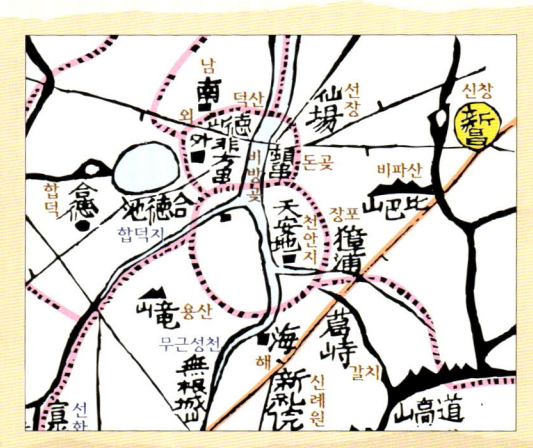

〈대동여지도〉에는 74개에 달하는 월경지가 군현의 경계와 같게 점선으로 그려져 있어요. 월경지란 군현의 특수 행정 구역으로 어느 군현에 속하면서 다른 군현에 들어가 있는 지역을 말해요. 다른 말로는 '비지·비입지·포령'이라고도 하고 주로 충주·청주·천안·홍주·전주·나주·경주·안동·진주 등에 많이 분포되었어요. 월경지에 사는 주민들은 세금이나 부역 때문에 가까운 관아를 두고 멀리 있는 원래 읍까지 가야 하는 불편함이 있어 일부 정리되기도 했으나 조선 시대 말까지 이 제도가 시행되었어요.

대동여지도의 행정 구역도

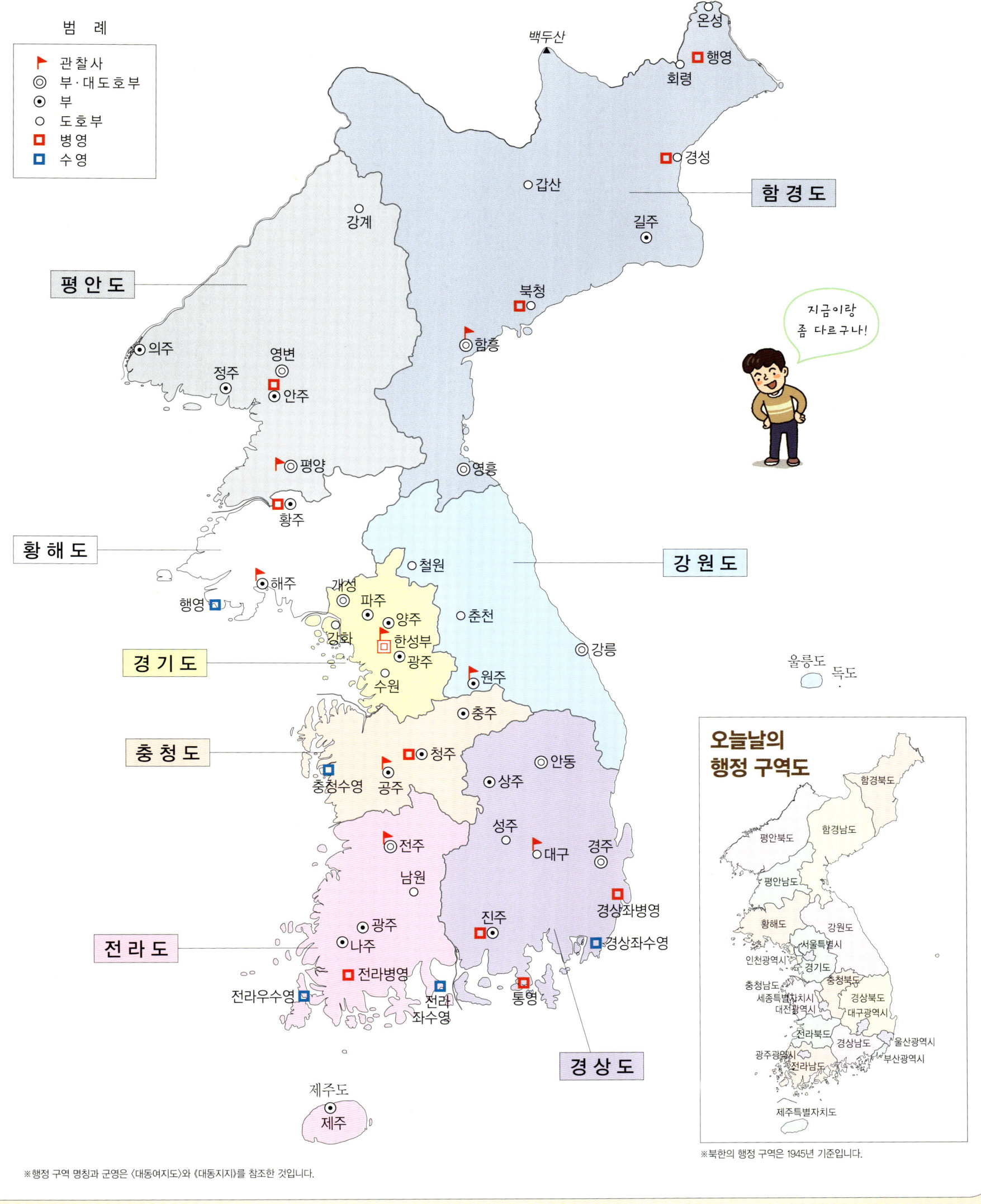

도성

> 조선 후기
> 호구 : 44,000호
> 인구 : 187,000명

'도성'이란 조선 시대 수도를 방위하기 위해 쌓은 성으로, 조선의 수도인 한성부를 가리키는 말로도 쓰여요. 도성 즉 한성부를 그린 지도를 도성도 또는 한양도성도라고 해요.

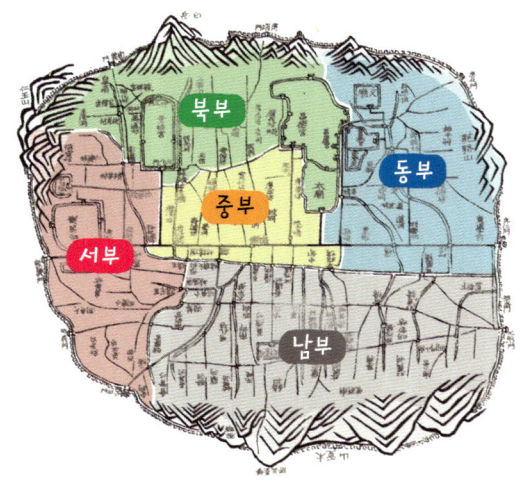

500여 년간 조선의 도읍지, 한성부

조선을 건국한 태조 이성계는 1394년(태조 3년) 수도를 개성에서 한양으로 옮겨 외곽을 둘러싼 산줄기를 따라 성을 쌓고 성 안에는 종묘와 사직, 궁궐, 관아 등을 지었어요. 이듬해부터는 명칭도 한성부로 고쳐 불렀어요. 한성부의 관할 구역은 중부·동부·서부·남부·북부의 5부로 나누고 각 부에는 54개에 이르는 방(지금의 동)을 두어 관할하였어요. 한성부는 500여 년간 조선의 정치, 경제, 문화, 교통의 중심지 역할을 하면서 오늘날 서울특별시의 터전이 되었어요.

도성도에 그려진 조선의 궁궐

도성도에는 경복궁을 비롯해 창덕궁, 창경궁, 경모궁, 경희궁 등이 담장 안에 표시되어 있어요. 경복궁은 태조 이성계가 1395년 가장 처음 세워 정사를 보던 곳이고, 창덕궁은 1405년 태종 때 지은 궁으로 동궐이라 불렀어요. 창경궁은 1483년 성종 때 세 분의 대비를 위해 지었고, 경모궁은 창경궁의 정원인 함춘원으로 지었으나 정조가 부친 사도세자를 모시면서 붙여진 이름이에요. 경희궁은 1617년 광해군 때 지은 궁궐로 서쪽에 있다 하여 서궐이라 불렀어요. 덕수궁은 조선 말기 고종이 거처했던 궁궐로 도성도에는 표시되지 않았어요.

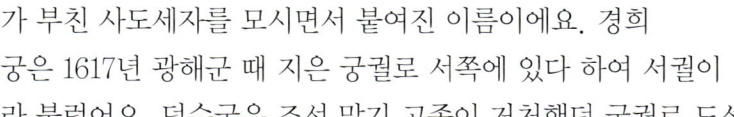
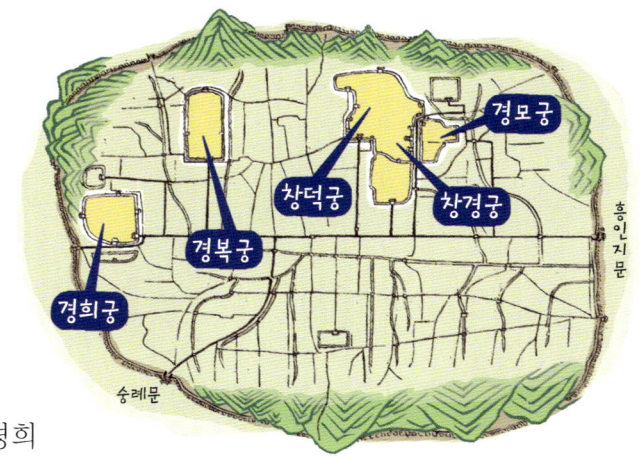

도읍을 지키기 위해 쌓은 도성

도성은 1396년 태조가 도성축조도감을 설치해 쌓은 성곽으로 그 둘레는 약 18.6km에 달하고 평균 높이는 5~8m예요. 도성은 한성부의 경계이기도 하지만 외부의 침입을 막기 위한 군사 시설이기도 했어요. 성문은 4대문과 4소문을 두었는데 4대문은 동쪽의 흥인문(동대문), 서쪽의 돈의문(서대문), 남쪽의 숭례문(남대문), 북쪽의 숙정문(북문)이고, 4소문은 북동쪽의 혜화문(동소문), 남동쪽의 광희문(수구문), 북서쪽의 창의문(자하문), 남서쪽의 소의문(서소문)이에요. 도성은 현재 '서울 한양도성'이라 불리고, 서울특별시 사적 제10호로 지정되었어요.

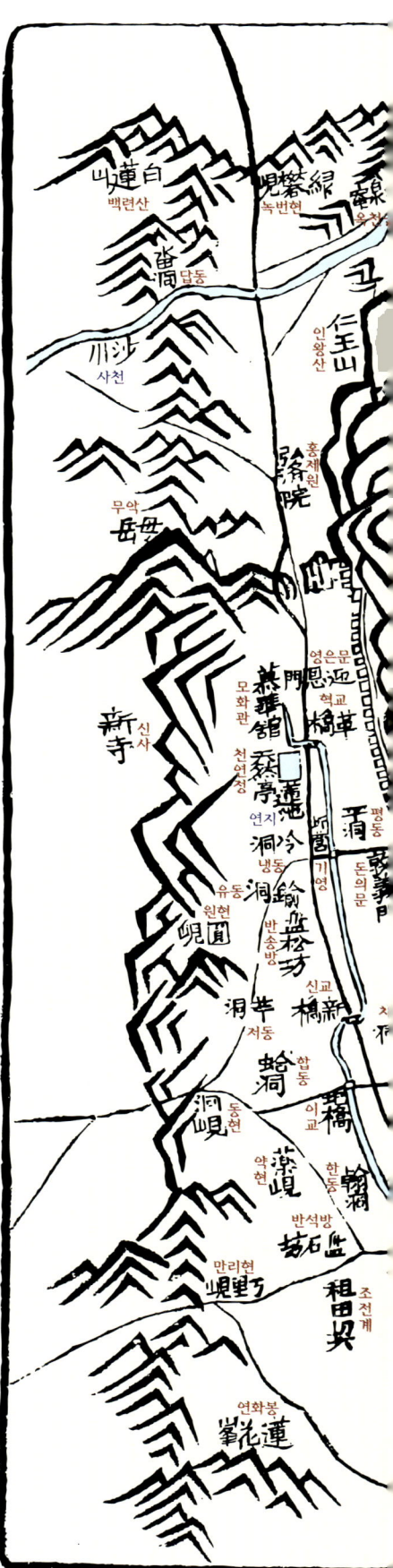

한성부의 중심지를 그린 도성도

'도성도'는 도성의 내부를 상세하게 그린 지도로 지금의 서울시가도와 같은 것이에요. 한성부 외곽에는 백악(북악산), 인왕산, 목멱산(남산), 타락산(낙산)을 잇는 산줄기가 그려져 있고, 그 산줄기를 따라 도성이 연결되어 있어요. 성 안에는 담장에 둘러싸인 궁궐과 도로, 개천이 거미줄처럼 그려져 있고 많은 지명이 적혀 있어요. 지명은 가운데에 옆으로 길게 뻗은 도로(지금의 종로)를 중심으로 북쪽과 남쪽 두 방향으로 적혀 있는데, 중심에서 사방을 바라보고 그리는 옛날 지도 만드는 방법을 따른 것이에요.

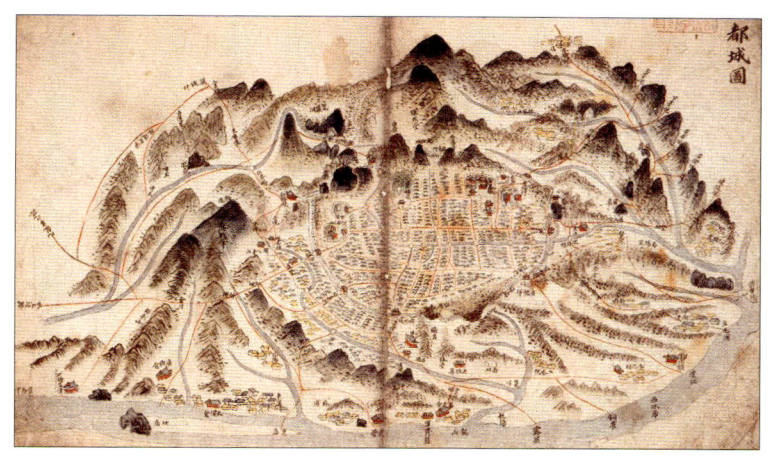

〈도성도〉(서울대학교 규장각 소장)

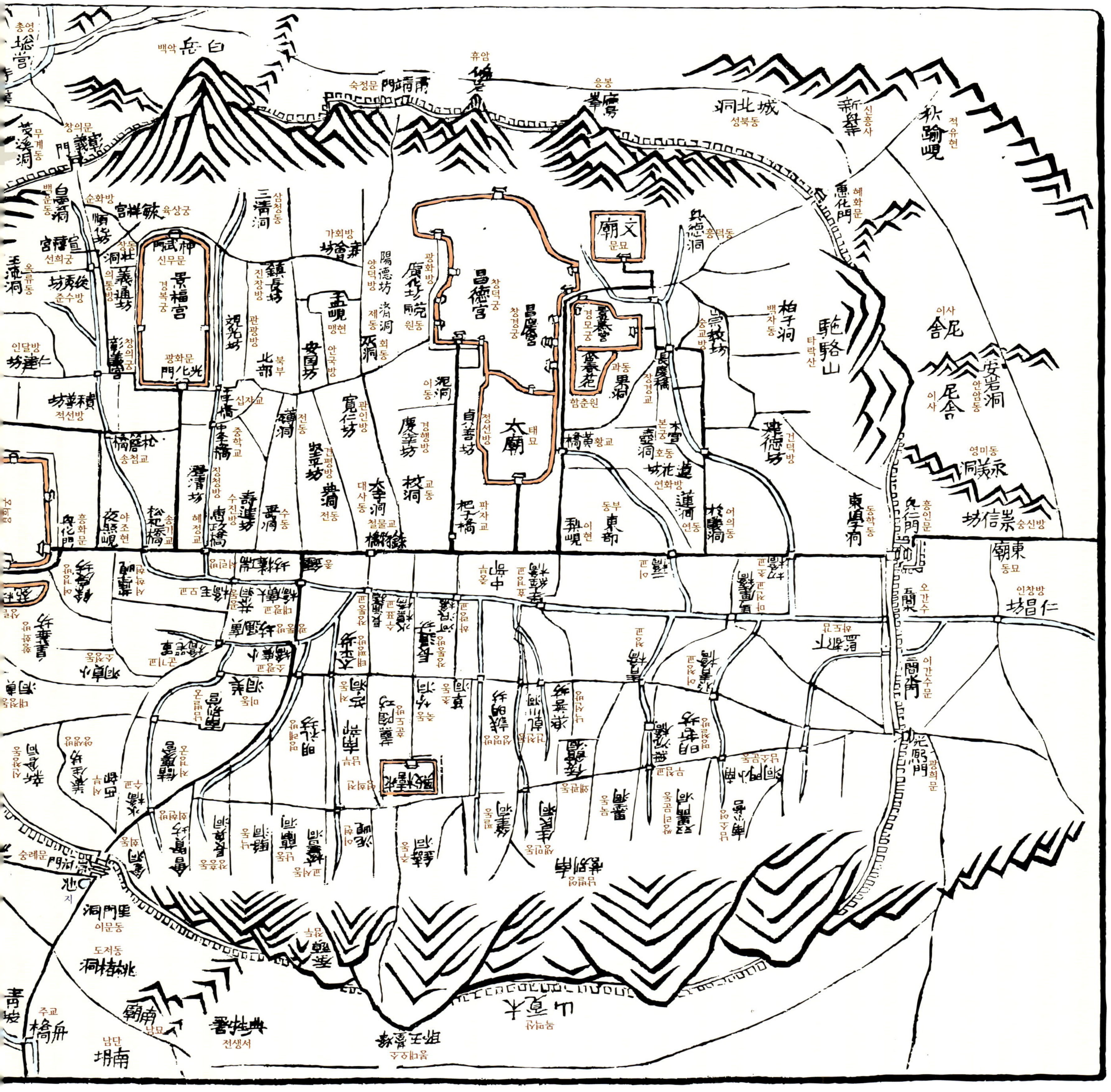

경조오부

'경조오부'란 도성과 그 주변 지역을 포함한 한성부 전체를 이르는 말이에요. 그 범위는 북쪽으로 삼각산, 남쪽으로 한강에 이르는 지역으로 지금의 서울 중심부에 해당되지요.

서울대학교 규장각 소장 〈도성도〉의 삼각산과 도봉산

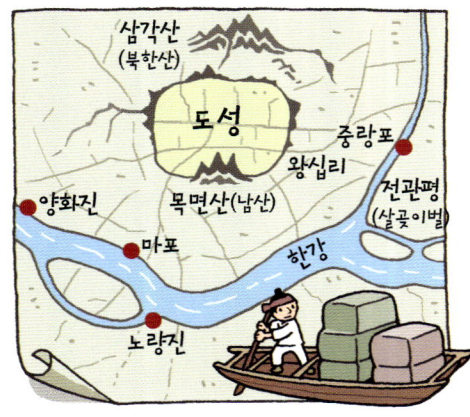

도성 밖 10리 주변 지역

한성부는 도성뿐만 아니라 도성 밖 10리에 해당하는 바깥 지역까지를 관할했어요. 이 바깥 지역을 '성저십리'라고 하지요. 성저십리는 동쪽으로 중랑포, 서쪽은 양화진, 남쪽은 한강 노량진, 북쪽은 삼각산(북한산)에 이르는 지역으로 도성에 물자와 농작물을 공급하는 역할을 한 곳이에요. 마포, 용산, 서강 일대는 전국에서 올라오는 상품들이 몰려 상업이 번성하였고, 왕십리와 전관평 일대는 채소 등을 재배하는 근교농업의 중심지였어요.

전국 각지로 뻗어 나간 10대로

도성을 중심으로 뻗어 나간 붉은색 도로는 전국 각지로 이어지는 10대로로 지금의 국도와 같은 주요 도로예요. 제1대로는 평안도 의주에 이르는 도로이고, 제2대로는 함경도 경흥에 이르는 도로, 제3대로는 경상도 평해에 이르는 도로, 제4대로는 경상도 동래에 이르는 도로, 제5대로는 경상도 봉화에 이르는 도로, 제6대로는 경기도 강화에 이르는 도로, 제7대로는 경기도 수원에 이르는 도로, 제8대로는 전라도 해남(전라우수영)에 이르는 도로, 제9대로는 충청수영에 이르는 도로, 제10대로는 경상도 통영에 이르는 도로예요.

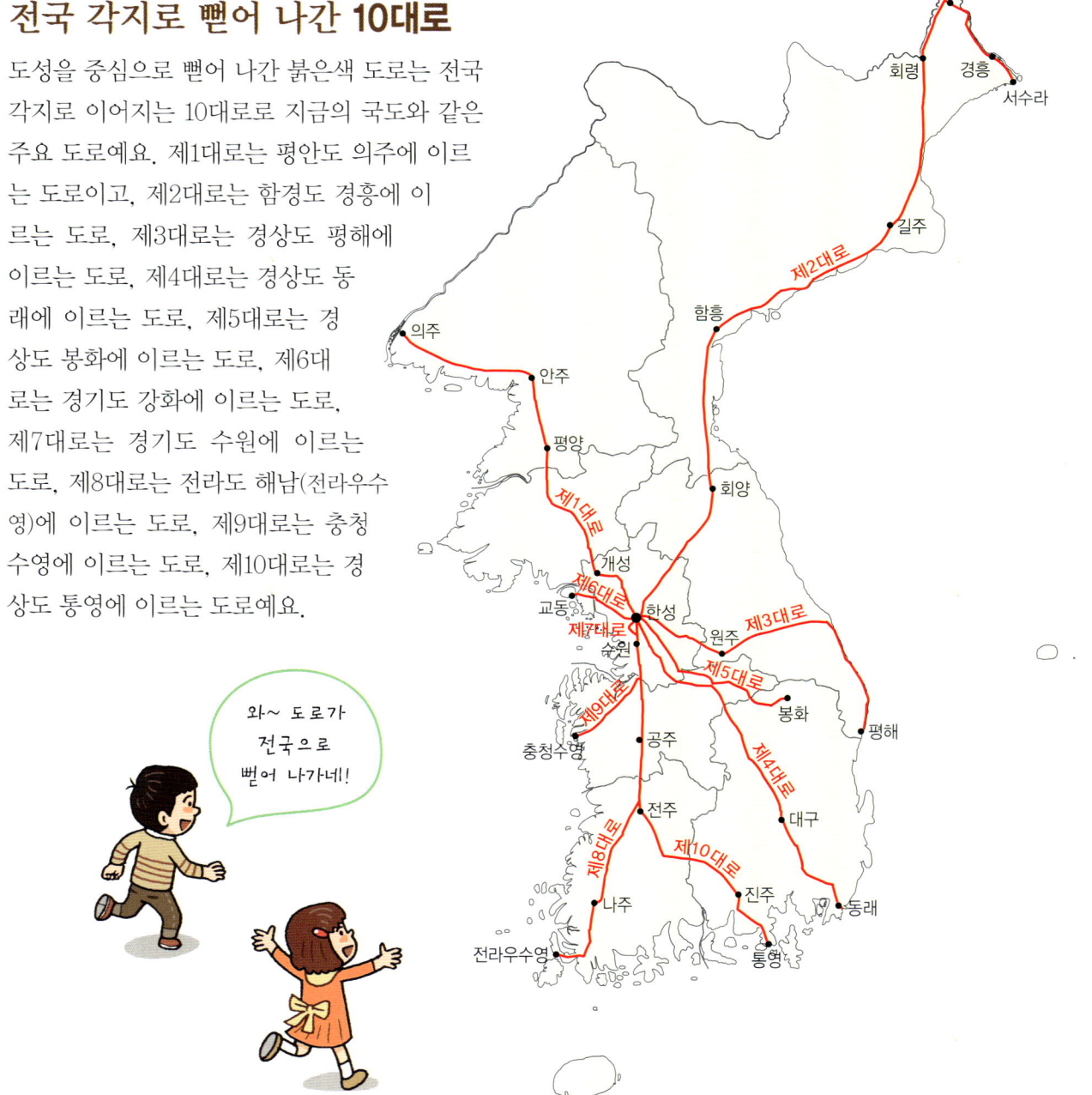

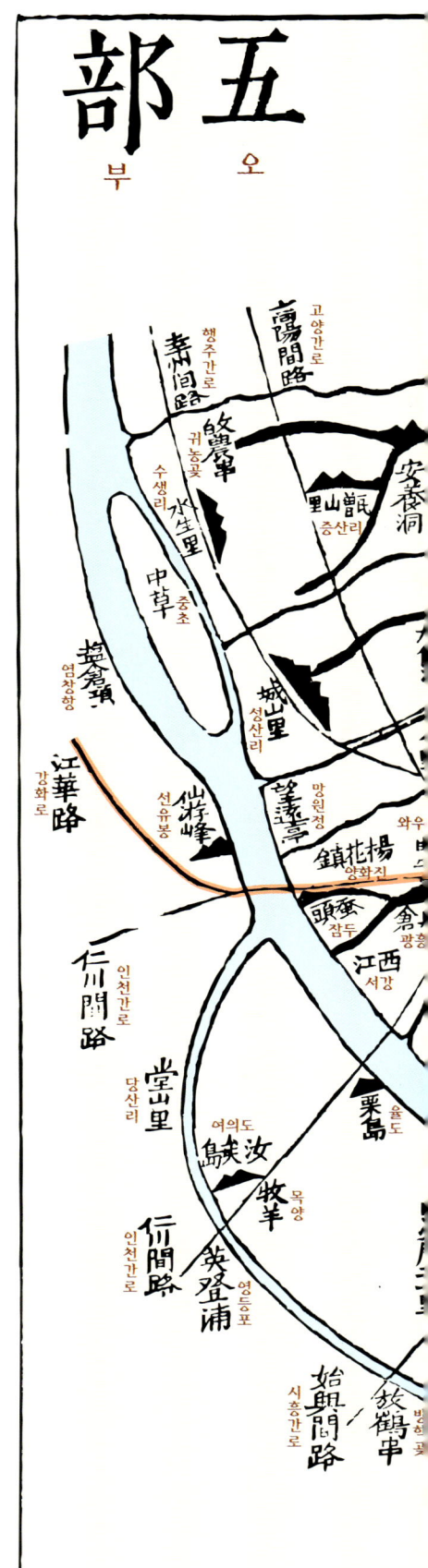

20 대동여지도

한성부의 외곽을 그린 경조오부도

'경조오부도'는 중앙에 도성을 작게 그리고, 도성 밖 주변을 상세하게 나타낸 지도예요. 도성을 둘러싼 산줄기는 사방으로 뻗어 지형을 이루고, 하천 역시 사방으로 흘러 한강으로 흘러들고 있어요. 또 도성을 중심으로 도로가 사방으로 뻗어 나가고 도로 끝에는 도로 이름이 표기되어 있어요. 한강에는 여의도를 비롯해 중초, 기도, 저자도 등의 섬들이 그려져 있어요.

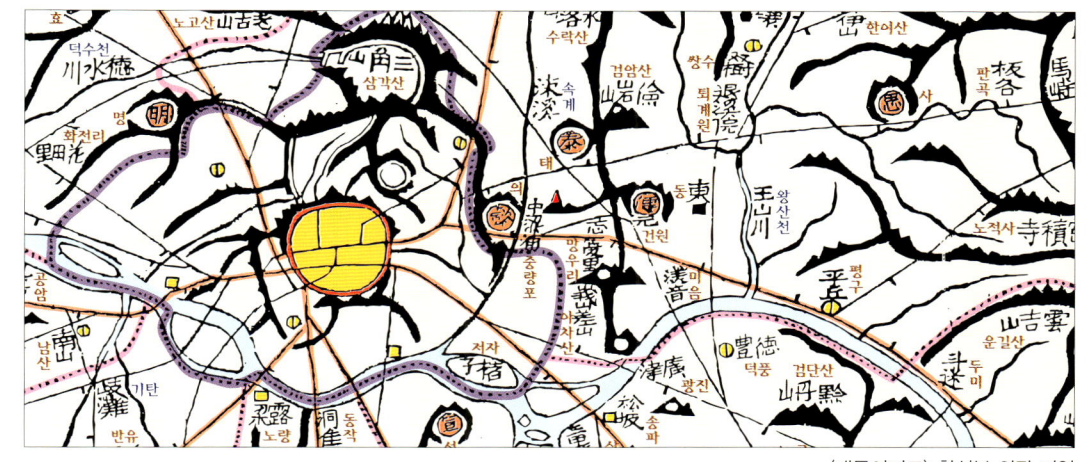

〈대동여지도〉 한성부 외곽 지역

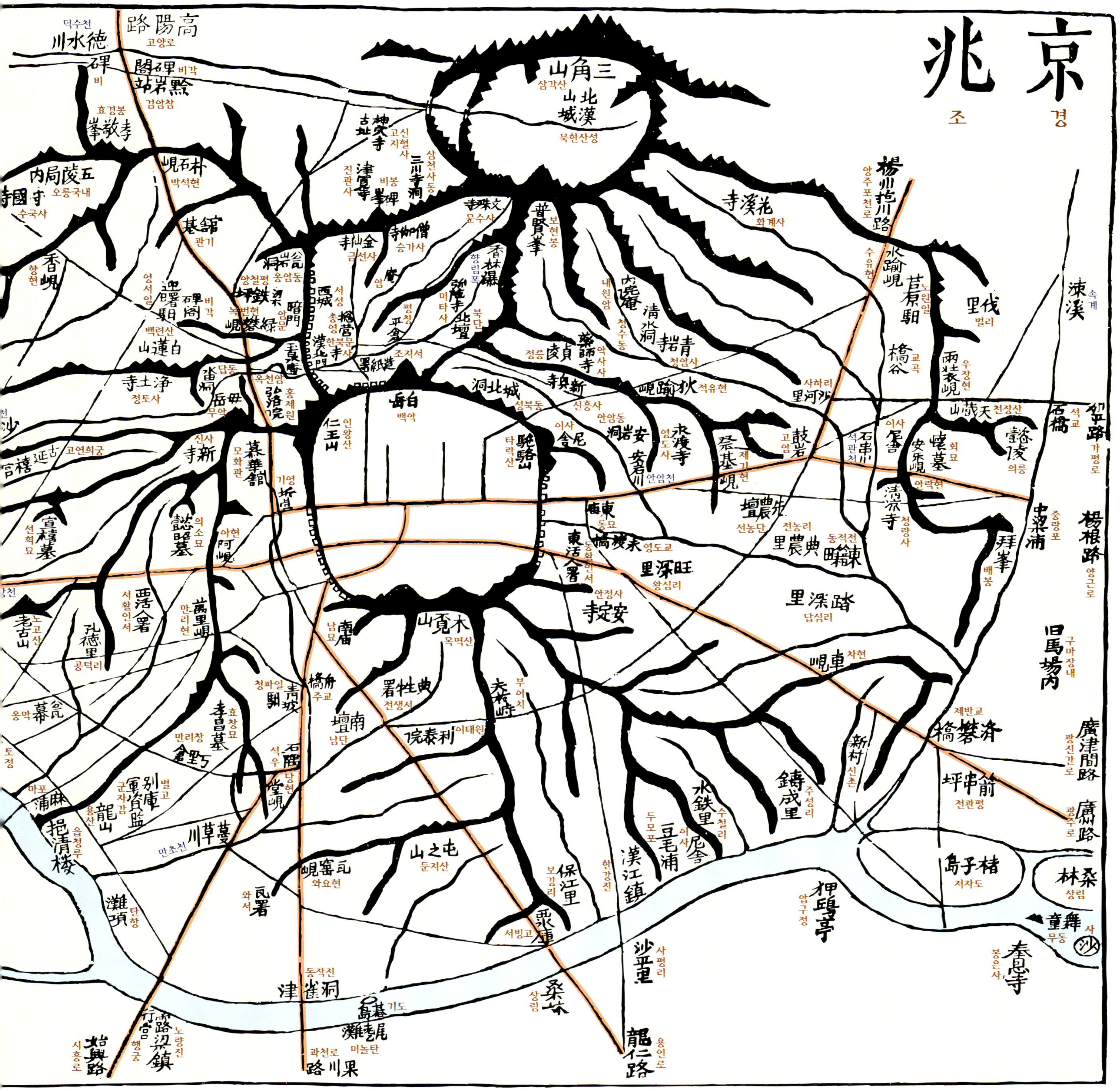

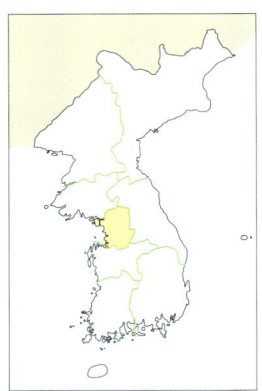

경기도

조선 후기
전답 : 86,000결
민호 : 113,000호
인구 : 461,000명

조선의 수도인 한성부를 둘러싸고 있는 경기도는 예로부터 수도를 지키는 요충지일 뿐 아니라 경제, 사회, 문화, 교통의 중심지 역할을 해 온 곳이에요.

한성부를 둘러싸고 있는 경기도

경기라는 지명은 멀리 1018년(고려 현종 9년)부터 사용되기 시작해 1천 년의 역사를 지니고 있어요. 경기의 '경'은 수도인 왕도를 나타내고, '기'는 왕성 주변의 땅을 가리키는 말로 예부터 경기도는 수도를 둘러싸고 있는 중요한 지역이었어요. 고려 때부터 조선 초기까지 경기도는 좌도와 우도로 나뉘었으나 태종 때 좌·우도를 합치고 지금의 행정 구역과 같은 범위를 갖게 되었어요. 〈대동여지도〉에 나타난 경기도의 관할 읍치는 모두 37읍이고, 지금의 도청 격인 감영은 한성부에 두었어요.

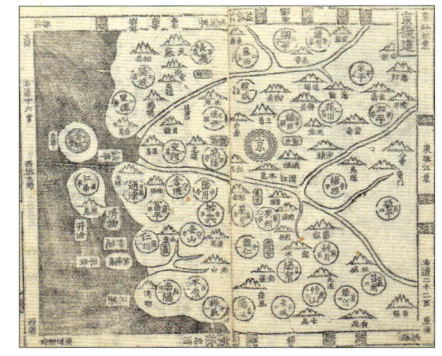

〈여지도〉 내 경기도(서울역사박물관 소장)

조선 시대 수도 방어의 요충 지대

조선 시대 경기도는 외적의 침입으로부터 한성부 외곽을 방어하는 요충 지대 역할을 했어요. 1593년 임진왜란 때 수원 남쪽에 있는 독성산성은 권율 장군이 일본군을 물리친 곳이고, 고양의 행주산성 또한 권율 장군이 일본군과 싸워 크게 이긴 곳이에요. 1627년 정묘호란 때 한강 어귀에 위치한 강화도는 인조가 후금의 침입을 피해 피신했던 곳이에요. 1636년 병자호란 때 광주의 읍치였던 남한산성은 인조가 청나라 군대에 맞서 45일간 항전하던 곳이에요.

남한산성

조선의 왕릉

조선 시대 왕과 왕후의 무덤인 왕릉은 대부분 한성부 주변 지역인 경기도에 분포되어 있어요. 〈대동여지도〉를 보면 양주 땅에 왕릉이 가장 많고 고양과 광주, 김포 등지에도 왕릉이 있어요. 양주에는 의릉·태릉·건원릉·순강원·사릉·광릉·온릉·소령원 등이 있고, 고양에는 명릉·효릉·온릉·공릉, 광주에는 선릉·헌릉, 김포에 장릉, 교하에 장릉, 수원에 건릉, 여주에 영릉 등 총 31개에 달하는 능침이 경기도에 있어요. 왕릉은 왕의 무덤에 그치지 않고 아름다운 건축물과 석물 등이 함께 있어 위대한 문화유산이기도 해요.

조선 첫째 임금 태조의 능묘 건원릉

조선백자의 혼이 담긴 경기도 광주

경기도 광주 일대는 도자기를 굽는 데 필요한 흙과 땔감, 물이 풍부해 조선 시대 초기부터 궁중의 음식을 맡아보던 사옹원의 분원이 설치되었던 도자기의 고장이에요. 이곳에서는 각종 도자기와 다양한 백자 등이 제작되어 왕실에서 사용하였어요. 지금의 경기도 광주시 남종면에 있는 분원리란 지명도 여기에서 유래된 것이에요.

*결은 조세를 위한 논밭 넓이의 단위로 1결은 10,809㎡

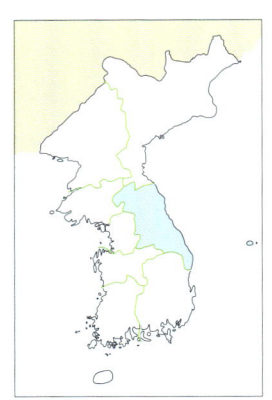

강원도

조선 후기
전답 : 42,000결
민호 : 81,000호
인구 : 343,000명

관동 지방이라고도 불리는 강원도는 조선 시대에 들어 8도의 하나가 되었어요. 백두대간을 중심으로 동쪽을 영동 지방, 서쪽을 영서 지방이라 부르지요.

강릉과 원주에서 유래된 강원도

강원도는 1413년 태종 때 전국의 행정 구역을 8도로 나누면서 강릉의 첫 글자와 원주의 첫 글자를 따서 부르게 된 명칭이에요. 그러나 효종 때는 원양도, 숙종 때는 강양도로 명칭이 바뀌고, 1782년 정조 때는 강릉에서 모반 사건이 일어나자 원춘도로 명칭이 바뀌었다가 1791년에 다시 강원도가 되었어요. 〈대동여지도〉에 나타난 강원도의 관할 읍치는 모두 26읍이고, 관찰사가 정무를 보던 감영은 원주에 있어요.

원주 강원감영

조선 시대 강원도에 속한 울릉도·독도

동해상에 위치한 울릉도와 독도는 조선 시대 초에는 강원도 울진현에 속하는 섬이었으나 왜구들이 자주 출몰한다 하여 조정에서는 주민이 살지 않도록 공도 정책을 시행했어요. 1614년 광해군 때는 일본이 울릉도를 '의죽도'라 하며 자기네 영토라고 주장해 양국 간에 영토 문제가 발생하였어요. 또 숙종 때는 일본이 울릉도를 '죽도'라 하며 영토 주장을 하자 동래 사람 안용복의 활약으로 일본 정부도 울릉도와 독도가 조선 땅이라는 것을 인정했어요.

천하제일 명산 금강산

〈대동여지도〉에 그려진 금강산의 모습은 산줄기를 따라 수많은 바위 봉을 묘사해 마치 일만 이천 봉을 보는 듯해요. 금강산은 백두대간 산줄기를 경계로 서쪽을 내금강, 동쪽을 외금강, 바다 쪽을 해금강으로 구분해요. 또 금강산은 여름에는 봉우리와 계곡에 녹음이 짙어 '봉래산'이라 하고, 가을에는 온 산이 단풍으로 물들어 '풍악산'이라 하고, 겨울에 나뭇잎이 지고 나면 바위 봉만 드러나므로 '개골산'이라고 철 따라 다른 이름으로 불러요.

정선의 〈풍악내산총람〉 일부
(간송미술관 소장)

옛 선비들이 즐겨 찾던 관동팔경

관동팔경은 강원도 동해안을 따라 옛 선비들이 즐겨 찾던 8개의 명승지를 가리켜요. 〈대동여지도〉에서 관동팔경을 찾자면 북쪽에서부터 통천의 총석정, 고성의 삼일포, 간성의 청간정, 양양의 낙산사, 강릉의 경포대, 삼척의 죽서루, 평해의 망양정과 월송정이에요. 관동팔경 중 으뜸으로 꼽는 경치는 경포대로 강원도 관찰사로 부임한 정철이 관동별곡을 지은 곳이기도 해요. 현재 총석정과 삼일포는 북한 땅이고, 망양정과 월송정은 경상북도에 속해 있어요.

경포대

조선 시대 우산도(독도)는 강원도 땅이었어요.

세조에게 왕위를 빼앗긴 단종은 청령포에 유배되었어요. 그래서 이곳에는 단종의 한이 서려 있다고 해요.

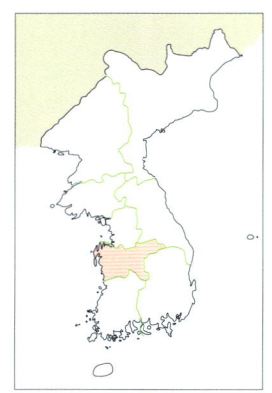

충청도

조선 후기
전답 : 256,000결
민호 : 217,000호
인구 : 868,000명

충청도는 삼국 시대 백제의 중심 지역으로 찬란한 문화를 꽃피웠던 곳이에요. 제천의 의림지 서쪽 지역이라는 뜻으로 호서 지방이라 불리기도 했고, 경기도와 충청도를 합해 기호 지방으로 불렸어요.

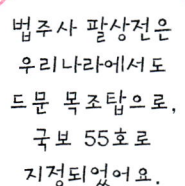
법주사 팔상전은 우리나라에서도 드문 목조탑으로, 국보 55호로 지정되었어요.

속리산 법주사 팔상전

충주와 청주에서 유래된 충청도

1413년 태종 때 전국을 8도로 나누면서 충주의 첫 글자와 청주의 첫 글자를 따서 충청도라 부르게 되었어요. 그러나 1505년 연산군 때 충공도로 바뀌었다가 1550년 명종 때 청공도, 1613년 광해군 때 공청도, 1628년 인조 때 공홍도, 1825년 순조 때는 공충도로 도명이 여러 차례 바뀌었어요. 이와 같은 이유는 고을에 죄인이 있거나 모반자가 생겼기 때문이에요. 〈대동여지도〉에 나타난 충청도의 관할 읍치는 모두 54읍이고, 감영은 공주, 병영은 청주, 수영은 보령에 두었어요.

공주 충청감영

백제의 역사와 문화가 깃든 충청도

한강 유역에 나라를 세웠던 백제는 고구려의 세력에 밀려 475년 웅진(현 공주)으로 도읍을 옮기고 뒤에 사비(현 부여)로 옮기면서 다양한 문화를 꽃피워 많은 유적과 유물을 남겼어요. 현재 공주의 공산성과 송산리 고분군, 부여의 부소산성, 정림사 터, 능산리 고분군 등은 백제역사유적지구로 2015년 유네스코 세계문화유산으로 등재되었어요.

송산리 고분군

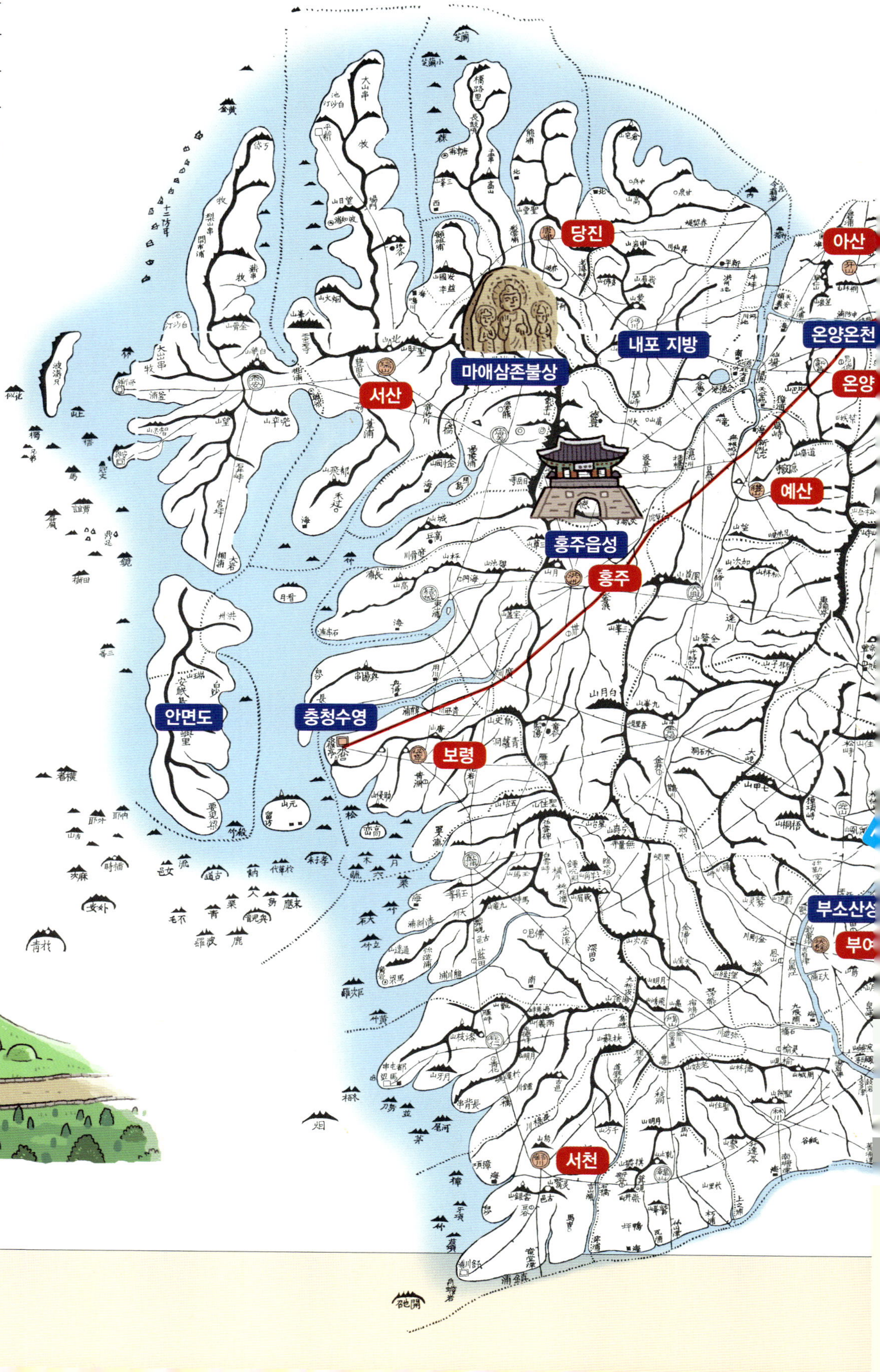

충청도에서 가장 살기 좋은 내포 지방

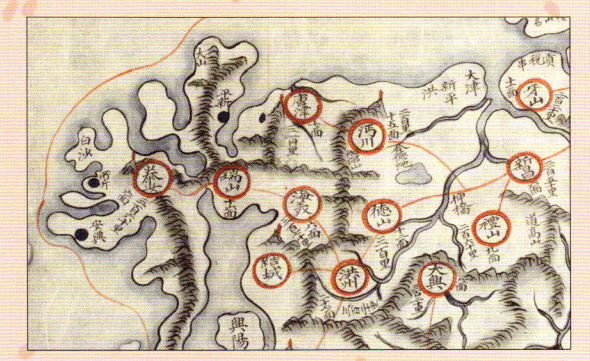
〈해동지도〉(서울대학교 규장각 소장)

조선 후기의 실학자인 이중환은 《택리지》에서 "충청도에서 내포가 가장 살기 좋은 곳이다."라고 했어요. 〈대동여지도〉에서 보는 내포 지방은 북쪽으로는 당진, 동쪽으로는 아산·신창·예산, 서쪽으로는 서산, 남쪽으로는 결성과 홍주를 아우르는 지역이에요. 이 지역은 한양과 거리가 가깝고 수운의 발달로 육지와 바다의 산물이 활발히 거래되면서 다른 지역에 비해 경제적으로 번성하던 곳이에요.

충청도의 해안을 지키던 충청수영

충청수영성

보령 서쪽 해안가에 위치한 충청수영은 조선 시대 한양으로 가는 조운선을 보호하고 왜구를 방비하는 역할을 했던 충청 수군의 최고 사령부였어요. 《세종실록지리지》에 따르면 조선 초기에는 군선이 142척이 있었고, 수군이 8,400여 명에 달했다고 해요. 해안가에 돌로 쌓은 석성인 충청수영성은 현재도 거의 원형을 유지하고 있으며 최근 영보정이 복원되어 옛 모습을 되찾았어요.

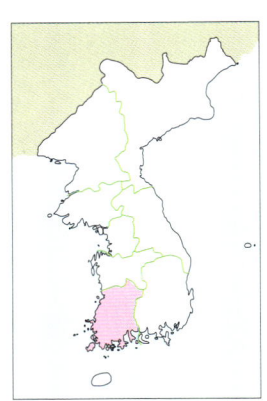

전라도

조선 후기
전답 : 341,000결
민호 : 247,000호
인구 : 917,000명

삼한 시대 마한 땅이었던 전라도는 금강 이남에 위치해 호남 지방이라 불려요.
드넓은 호남평야와 나주평야가 있어 국내 최대의 곡창 지대를 이루고
고유한 전통 문화를 간직한 곳이에요.

전주와 나주에서 유래된 전라도

1413년 태종 때 전국을 8도로 나누면서 전주의 첫 글자와 나주의 첫 글자를 따서 전라도라 부르게 되었어요. 1645년 인조 때 나주에서 향리가 목사를 해치는 일이 일어나자 전남도라 고쳤다가 1년 뒤 옛 명칭으로 바꾸고, 광남도라 했다가 다시 전라도로 바뀌었어요. 1728년 영조 때 역모 사건이 일어나자 전광도로 바꿨다가 1737년에 다시 전라도가 되었어요. 〈대동여지도〉에 나타난 전라도의 관할 읍치는 모두 56읍이고 감영은 전주, 병영은 강진, 좌수영은 순천, 우수영은 해남에 두었어요.

전주 전라감영

벽골제 수문지와 호남평야

우리나라 최대의 곡창 지대

〈대동여지도〉의 팔도행정통계에 따르면 전라도는 세금을 거두어들이는 전답이 8도 가운데 가장 많은 곳이에요. 이를 증명하듯 만경강과 동진강 유역의 너른 들인 호남평야는 먼 옛날부터 땅이 기름지고 기후가 따뜻해 벼농사로 이름난 곡창 지대예요. 〈대동여지도〉에도 나와 있는 김제의 벽골제, 고부의 눌제, 익산의 황등제는 삼국 시대에 만들어진 저수지로 호남평야에 물을 대던 곳이에요.

해안을 지키던 전라우수영과 좌수영

전라도는 남해와 서해에 면하고 있어 예로부터 해안 방비를 위해 해남에 전라우수영을 두고, 순천에 전라좌수영을 두었어요. 이 좌·우 수영은 한양에서 전라도 쪽을 보았을 때를 기준으로 정한 것이에요. 전라우수영은 해남에서 부안까지 서해안을 방어하던 곳으로 임진왜란 때 이순신 장군이 왜군을 대파한 명량 대첩을 이룬 곳이기도 해요. 전라좌수영은 전라도 남쪽 해안의 방어를 담당하던 곳으로 임진왜란 당시 삼도 수군의 지휘 본부로 최초 삼도수군통제영이 있던 곳이에요.

전라좌수영의 본영이었던 진남관

조선 왕조의 발상지가 된 전주

전라도 감영인 전주는 조선을 건국한 태조 이성계의 22대 조상인 이한으로부터 태조의 4대조인 목조까지 살았던 곳으로 조선 왕조의 발상지로 중요하게 여겨져요. 지금도 전주에는 이성계의 5대조인 목조 이안사가 태어나 살았던 이목대와 전주 이씨의 시조 이한의 묘역인 조경단, 이성계가 남원·운봉·황산에서 왜구를 물리치고 연회를 베풀었던 오목대 등의 유서 깊은 유적들이 있어요.

이목대

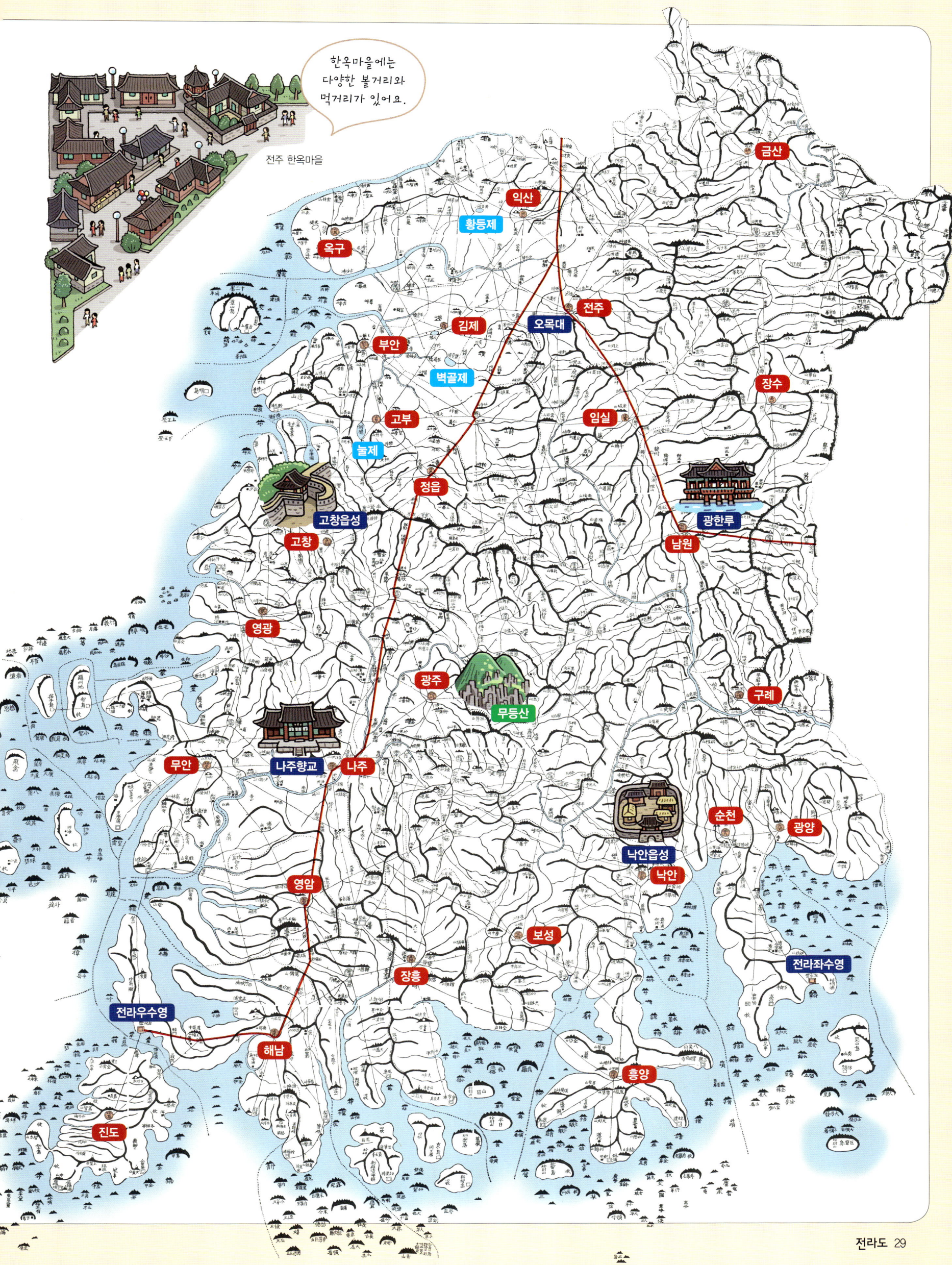

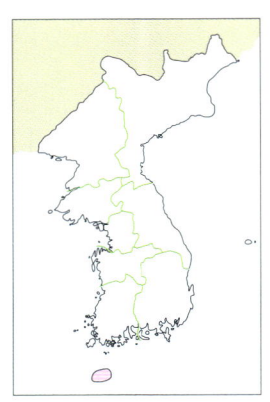

제주도

먼 옛날 탐라국이었던 제주도는 고려 때 몽골군에 대항하던 삼별초군의 거점이 되기도 했고, 조선 시대에는 행정 구역이 전라도에 속하면서 제주목이 되었어요.

제주도가 이렇게 생겼구나~

개벽 설화가 전해지는 제주도

제주도에는 지금으로부터 약 4,300여 년 전 고을나·양을나·부을나라는 3신이 삼성혈에서 태어나 탐라국을 세웠다는 설화가 전해지고 있어요. 3신은 매우 크고 도량이 넓은 신선의 모습으로 가죽옷을 입고 사냥을 하는 원시의 수렵 생활을 하며 사이좋게 살았다고 해요. 세 개의 구멍이 나 있는 삼성혈은 지금도 비가 오거나 눈이 내려도 물이 고이거나 눈이 쌓이는 일이 없는 신비스런 곳이라고 해요.

삼성혈

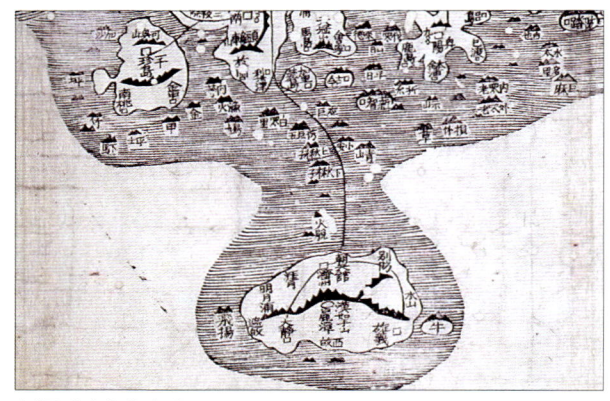

〈대동여지전도〉의 제주도(국립중앙도서관 소장)

조선 시대 전라도에 속한 제주도

제주라는 명칭은 고려 때부터 사용하기 시작하였고, 조선 초기에 행정 구역상 전라도에 속한 제주도는 목사를 두어 다스리게 했어요. 1416년 태종 때에는 한라산을 중심으로 북쪽 지역을 제주목, 남쪽 지역을 동서로 나누어 동쪽에 정의현, 서쪽에 대정현을 두어 3읍제가 실시되었어요. 이 3읍제의 행정 단위는 조선 말까지 계속되었어요.

조선 시대 국영 목장 10소장

1429년 세종 때 제주도 중산간 지역에는 말을 안정적으로 공급하기 위한 국영 목장이 조성되었어요. 〈대동여지도〉에서 한라산 주위에 타원형으로 그려진 쌍선이 국영 목장의 경계인 돌담(잣성)이에요. 국영 목장은 10개 지역으로 나누어 관리하는 10소장 체계로 종6품 감목관과 마감, 군두, 목자 등에 의해 운영되었어요. 당시 10소장에는 국가 소유의 말과 개인 소유의 말을 함께 방목하였어요.

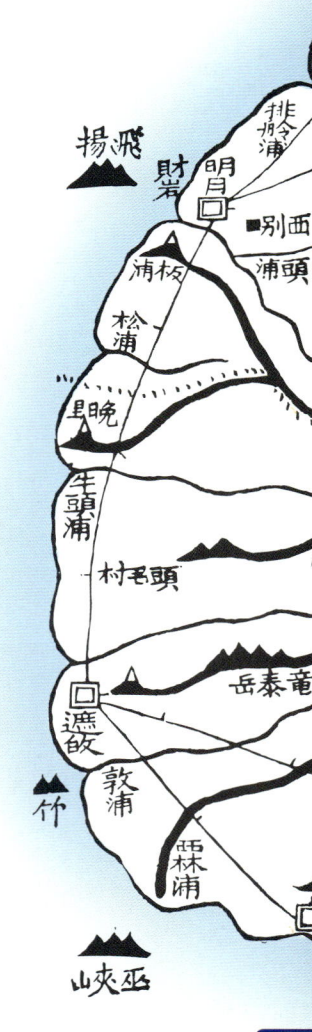

30 대동여지도

산 자체가 곧 제주도인 한라산

제주도 한복판에 우뚝 솟은 한라산은 산 자체가 곧 제주도라 할 만큼 크고 넓은 산이에요. 옛날부터 금강산, 지리산과 함께 삼신산의 하나인 영주산으로 불렸어요. 김정호가 지은 《대동지지》에 "산꼭대기에는 백록담이라는 큰 못이 있고, 5월에도 눈이 남아 있고 8월에도 외투를 입는다."고 기록되어 있어요.

백록담은 '하얀 사슴 연못'이라는 뜻이에요.

호오잇! 해녀가 물 밖에 나와 내뱉는 숨소리예요.

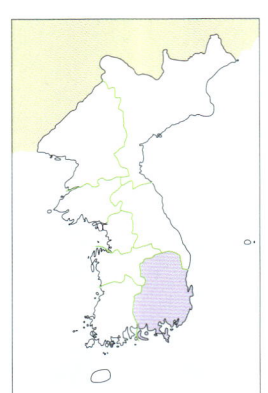

경상도

조선 후기
전답 : 337,000결
민호 : 335,000호
인구 : 1,447,000명

경상도는 삼한 시대에 진한과 변한의 땅이었고,
그 뒤는 신라에 속했던 곳으로 영남 지방이라고 불려요.
수도를 뜻하는 '서울'이라는 말은 경주의 옛 이름인 서라벌에서 유래되었어요.

경주와 상주에서 유래된 경상도

경상도라는 명칭은 경주의 첫 글자와 상주의 첫 글자를 따서 지은 이름으로, 고려 충숙왕 때 경상도라 정한 것이 조선 시대까지 그대로 사용되었어요. 1407년 태종 때 행정 편의상 낙동강을 중심으로 경상좌도, 경상우도로 나뉘었다가 1534년 중종 때 다시 합해 경상도가 되었어요. 〈대동여지도〉에 나타난 경상도의 관할 읍치는 모두 71읍으로 감영은 대구부에 두었고, 좌병영은 울산, 우병영은 진주, 좌수영은 동래, 우수영 겸 삼도수군통제영은 통영에 두었어요.

대구 경상감영

삼도수군통제영

삼도 수군을 통제하던 삼도수군통제영

〈대동여지도〉에 나와 있는 고성 읍치 남쪽의 통영은 충청·전라·경상도의 삼도 수군을 통괄하는 통제사가 있던 삼도수군통제영이 있던 곳이에요. 임진왜란이 일어나자 삼도수군통제사가 된 이순신은 한산도에 처음 통제영을 구축하였고, 전란이 끝난 뒤에 거제도 오아포, 고성 춘원포로 통제영을 옮겼다가 1604년 선조의 명으로 통영에 설치하게 되었어요. 현재는 통영성 일부와 세병관이 남아 있어요.

조선 시대 양반 문화의 본고장 안동

조선 시대 경상도 북쪽의 안동, 예천, 영주, 봉화, 영양, 청송 일대는 양반 중심의 유교 문화가 번성했던 고장으로 유명해요. 퇴계 이황으로 대표되는 영남학파는 이 지역의 문화를 발전시켰고 풍산 류씨, 안동 김씨, 안동 권씨 등 양반 가문은 전통을 유지하며 선비 정신을 이어 오고 있어요. 이 지역에는 고택이나 서원, 정자 등 민속 문화재가 많고 특히 하회마을은 조선 시대 전통 가옥뿐 아니라 하회탈춤으로도 유명해요.

조선 시대의 서당

임진왜란의 격전지 경상도 남해안

〈부산진순절도〉(육군박물관 소장)

경상도 남해안 일대는 임진왜란 때 왜군과 전투를 벌였던 격전지가 많아요. 동래읍성 전투는 1592년 4월 왜군이 부산진성을 함락하면서 시작된 전투로 동래부사 송상현이 최후까지 성을 지키다 전사한 곳이에요. 진주성 대첩은 진주목사 김시민이 왜군을 격파한 전투이고, 한산도 대첩은 통영의 한산도 앞바다에서 이순신 장군이 왜군을 크게 무찌른 전투예요. 한산도 대첩과 진주성 대첩, 권율 장군의 행주 대첩을 임진왜란 3대 대첩이라 불러요.

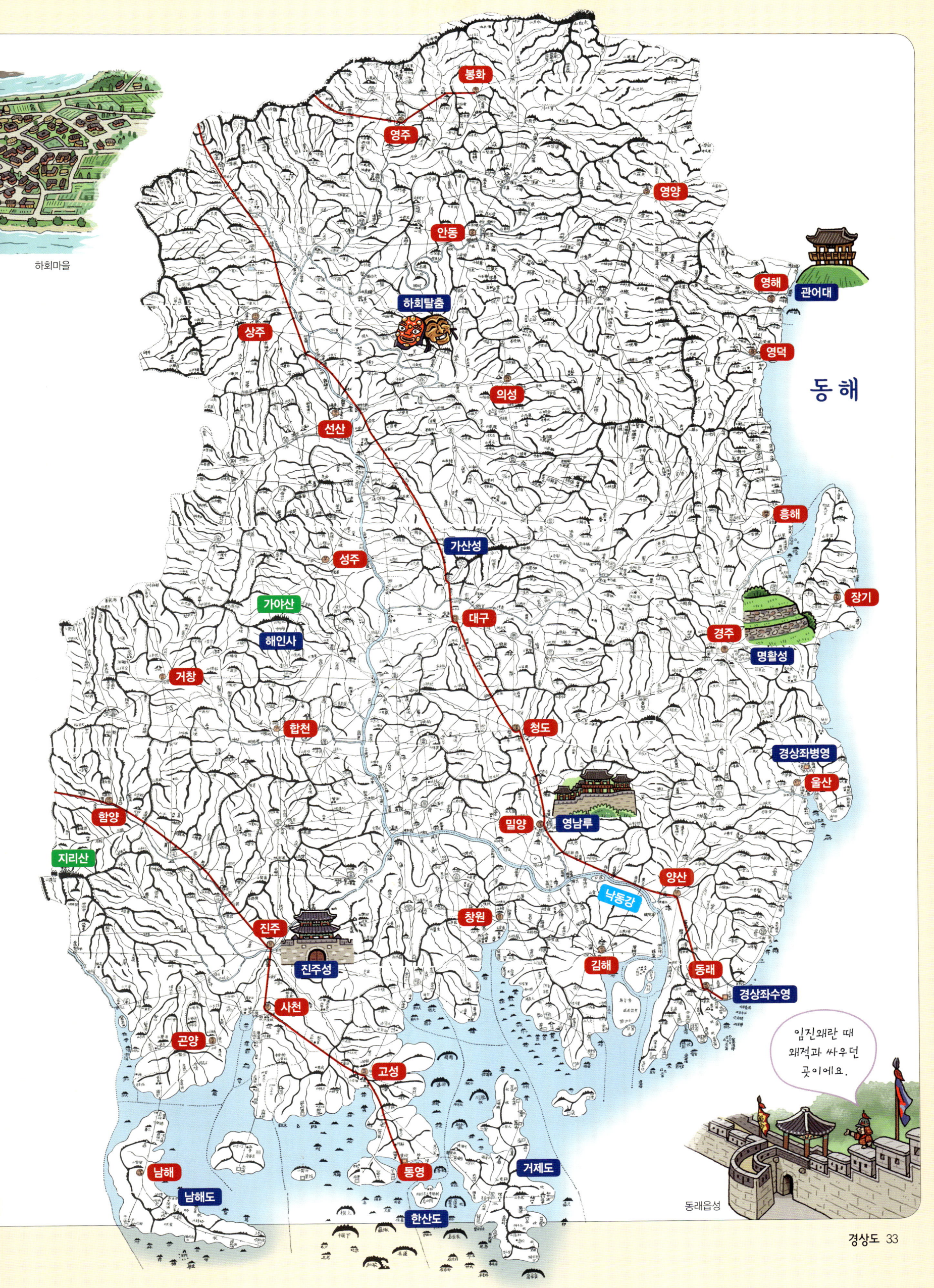

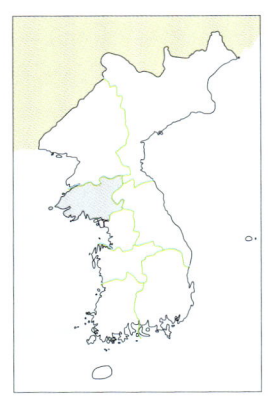

황해도

조선 후기
전답 : 132,000결
민호 : 124,000호
인구 : 533,000명

황해도는 조선 시대 이후 한양에서 서북 지역으로 가는 교통의 요지로 중요시되던 곳이에요. 경기도에서 예성강의 벽란도를 건너야 황해도였으므로 해서 지방이라 불렀어요.

황주와 해주에서 유래된 황해도

조선 초에는 고려의 행정 구역을 답습해 황해도라 하였으나 1395년 조선 태조 때 풍천과 해주의 첫 글자를 따서 풍해도로 고쳤고, 1417년 태종 때 황주와 해주의 첫 글자를 따 황해도가 되었어요. 1618년 광해군 때 황연도로 바뀌었으나 1623년 인조 때 다시 황해도로 고쳤어요. 〈대동여지도〉에 나타난 황해도의 관할 읍치는 모두 23읍으로 감영은 해주에 두었고, 병영은 황주, 수영은 옹진에 두었어요.

해주읍성의 부용당

북부 지방의 곡창 지대 해서 지방

황해도의 재령과 신천, 안악, 봉산, 황주 등 5개 군에 걸쳐 있는 재령평야와 황해도 남동부 해안 지역의 연백평야는 북부 지방에서 가장 넓은 곡창 지대예요. 재령평야에서 나는 쌀은 품질이 우수해 옛날부터 왕실에 진상되었어요. 연백평야에서 나는 쌀도 생산량이 많고 품질이 좋기로 유명했는데, 특히 기름진 찹쌀로 만든 큼직한 연안 인절미는 혼례 때 많이 이용했어요.

연백평야

황해도 제일의 명산 구월산

〈대동여지도〉에 문화군과 은률군, 안악군에 걸쳐 솟은 구월산은 우리나라 5대 명산의 하나로 꼽히는 이름난 산이에요. 구월산은 산세가 아름다운 산이기도 하지만 단군 설화에 나오는 환인과 환웅, 단군을 모셨던 삼성사와 단군이 앉았던 단군대 등 단군과 관련된 유적이 많아요. 또 구월산은 고려 시대 불교의 중심지로 패엽사와 같은 유서 깊은 사찰이 있고, 조선 시대에는 3대 도적 중의 하나인 임꺽정이 활동했던 주요 근거지로도 유명해요.

황해 연안을 지키던 황해도 수영

〈1872년 지방지도〉의 〈옹진부지도〉 내 소강진 행영(서울대학교 규장각 소장)

〈대동여지도〉에서 옹진현 서쪽 해안에 위치한 행영은 황해도 수영이 설치되었던 곳이에요. 1719년 숙종 때 불법 조업을 하러 온 중국 배의 출몰이 잦아지자 소강진을 수영으로 승격해 황해도 연안을 방비토록 하였어요. 이곳은 지리적으로 황해도 연안에서 강화로 이어지는 길목이고 중국 산둥 반도와도 짧은 거리에 위치해 강화도 북쪽을 지키는 중요한 방어 기지 역할을 하였어요.

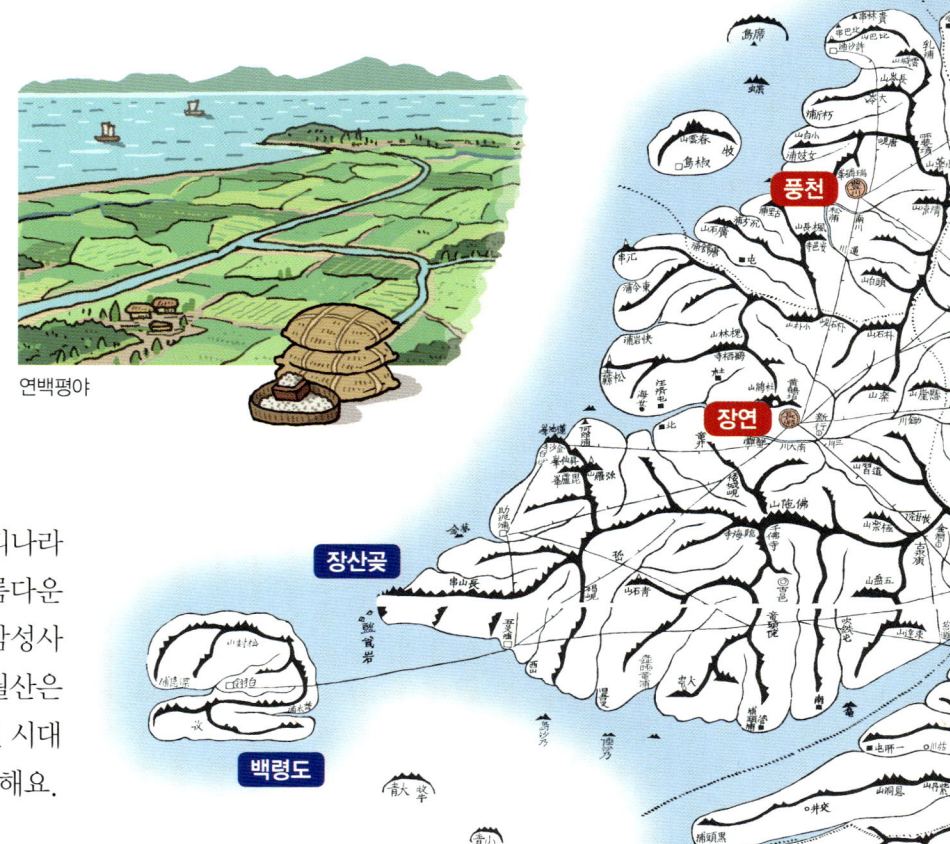

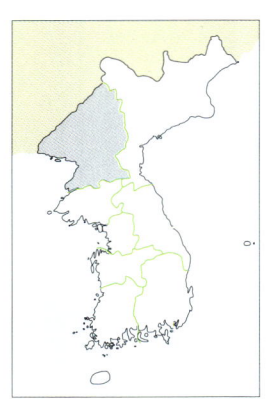

평안도

조선 후기
전답 : 119,000결
민호 : 197,000호
인구 : 781,000명

평안도는 고조선과 위만조선을 거쳐 삼국 시대에는 고구려 땅이었어요.
한반도의 서북 지방으로 외세의 위협을 받기도 했지만
새로운 문물이 가장 먼저 들어오는 곳이기도 했어요.

평양과 안주에서 유래된 평안도

1413년 태종 때 전국의 행정 구역을 8도로 나누면서 평양의 첫 글자와 안주의 첫 글자를 따서 평안도로 부르게 되었어요. 고려 시대에 함경도 안변과 강원도 회양의 경계에 설치한 철령관의 서쪽 지방이라 해서 관서 지방으로도 불렸어요. 〈대동여지도〉에 나타난 평안도의 관할 읍치는 모두 42읍이고, 관찰사가 정무를 보던 감영은 평양에 두고, 병영은 안주에 두었어요.

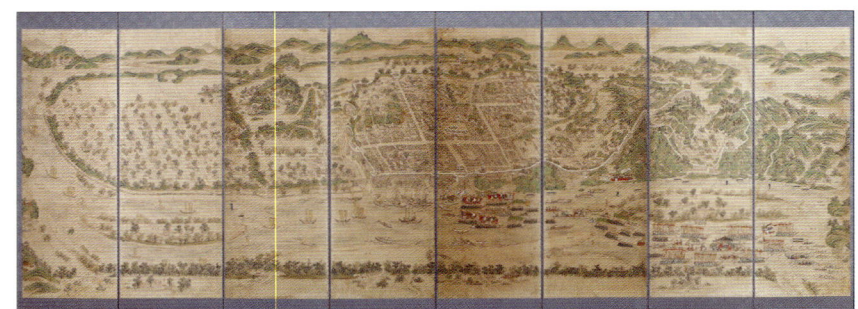

〈평양기성도〉(서울역사박물관 소장)

〈강서고분 백호도〉(조선고적도보)

고구려인의 혼이 담긴 강서고분

평안도 강서군에는 6세기경에 그린 것으로 추정되는 고구려 벽화 고분이 많이 분포되어 있어요. 3개의 큰 고분 가운데 가장 큰 벽화 고분은 강서대묘예요. 고분의 입구는 원형으로 흙무지의 직경이 51m이고 높이가 9m에 달해요. 무덤 안의 벽면에는 주작을 비롯한 청룡, 백호, 현무 등 사신도와 장식 무늬가 그려져 있어요. 강서대묘의 사신도는 우리나라 고분 벽화 중 가장 걸작이에요.

북방 진출의 교두보였던 4군

조선은 건국 초부터 압록강 일대의 영역을 확보하려고 다양한 정책을 추진하였어요. 이를 위해 세종은 평안도 북쪽에 여연, 자성, 무창, 우예의 4군을 설치하였으나 여진의 침입이 잦자 군비 증가 등의 문제로 세조 때 이르러 4군을 폐지하게 되었어요. 이 폐4군은 1823년 순조 때 후주도호부가 설치되면서 후주에 편입되고 함경도에 속하게 되었어요.

〈서북피아양계만리일람지도〉의 일부(국립중앙도서관 소장)

임진왜란의 판도를 바꾼 평양성 전투

1592년 5월 조선을 침략한 일본군은 파죽지세로 한양을 점령하고 두 달이 채 되지 않아 평양까지 차지하였어요. 조선군이 평양성을 탈환하기 위해 세 차례나 전투를 벌였으나 성공하지 못했어요. 1592년 말 명나라 이여송이 이끄는 군대 5만 명이 참전하면서 조명연합군이 일본군을 몰아내고 평양성을 탈환했어요. 이로써 임진왜란의 전세가 역전되기 시작해 일본군은 경상도 지역까지 물러나게 되었어요.

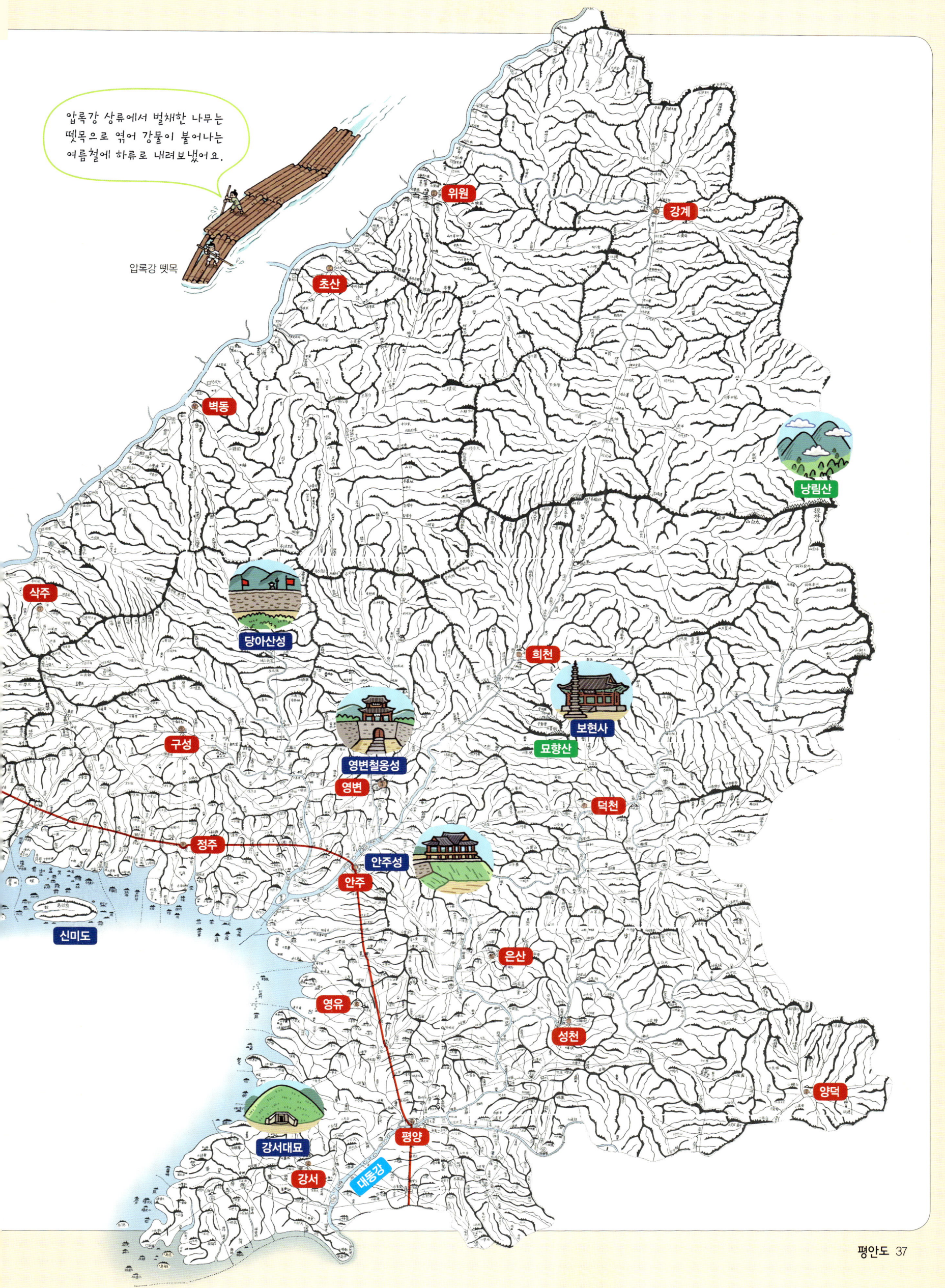

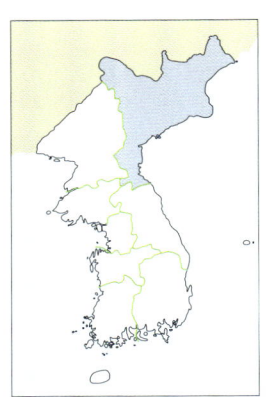

함경도

조선 후기
전답 : 118,000결
민호 : 119,000호
인구 : 713,000명

우리나라 가장 북쪽에 위치한 함경도는 산지와 고원이 많아 사람이 살기 힘든 고장이었으나, 먼 옛날부터 외적을 방비하는 최전방 지역으로 국방상 매우 중요한 곳이었어요.

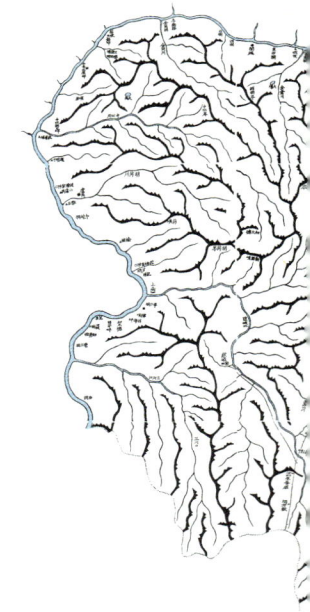

함흥과 경성에서 유래된 함경도

1413년 태종 때 전국의 행정 구역을 8도로 나누면서는 함경도가 아닌 영길도였다가 얼마 지나지 않아 함길도로 바뀌었어요. 1470년 성종 때 영안도로 고쳤다가 1509년 중종 때 함흥의 첫 글자와 경성의 첫 글자를 따서 함경도가 되었어요. 〈대동여지도〉에 나타난 함경도의 관할 읍치는 모두 25읍이고 감영은 함흥에 두고 남병영은 북청, 북병영은 경성, 방어영은 길주에 두었어요.

함흥 함경감영

우리 민족의 발상지 백두산

백두산은 우리나라에서 가장 높은 산이고 백두대간의 첫머리를 이루는 산으로, 우리 민족의 발상지이기도 해요. 해발 2,744m의 백두산은 대규모 화산 폭발로 정상부 중심에 칼데라호가 만들어져 천지를 이루고, 천지 바깥쪽으로는 높은 산들이 에워싼 독특한 자연환경을 이룬 세계적인 명산이에요. 〈대동여지도〉에 천지가 '대지'로 표기되어 있어요. 대지는 먼 옛날부터 우리 선조들이 부르던 고유의 명칭이에요.

백두산 천지

여진족을 막기 위해 설치한 6진

조선 초기 함경도 변방에 여진족의 침입이 잦자 조선은 이 지역에 국경선 방어 체제를 갖추기 위해 많은 노력을 기울였어요. 세종 때부터 적극적으로 북방 정책을 시행해 1449년 김종서로 하여금 두만강 하류 접경 지역에 새로운 군현을 신설해 방어 기지를 구축하였는데 그것이 종성·온성·회령·경원·경흥·부령의 여섯 도호부인 6진이에요. 4군은 일찍이 폐지되었으나 6진은 조선 후기까지 국경을 지키는 역할을 했어요.

〈서북피아양계만리일람지도〉의 일부(국립중앙도서관 소장)

조선 창건의 역사를 간직한 함흥

함흥은 조선을 건국한 태조 이성계와 그의 선조가 살았고 조선 왕조의 터전을 닦은 유서 깊은 곳이에요. 〈대동여지도〉에도 나오는 함흥본궁은 이성계가 왕이 되기 전에 살았던 집으로 왕이 된 뒤 다시 지은 궁궐이에요. 이성계는 왕위를 물려준 뒤에 이곳에 거처하였는데, 형제들을 죽이고 왕위에 오른 태종 이방원에 대한 분풀이로 그가 보낸 사신들을 모조리 죽여 버린 데서 '함흥차사'란 말이 생겨났어요.

찾아보기

ㄱ

가산성	33
가야산	33
강서고분	36
강서대묘	36, 37
강원감영	24
강원도	24
강화도	22, 23
개마고원	39
거제도	32, 33
건릉	22, 23
건원릉	22, 23
경기도	22
경모궁	18
경복궁	18
경상감영	32
경상도	32
경조오부	20, 21
경조오부도	21
경포대	25
경희궁	18
고창읍성	29
공산성	26, 27
관덕정	31
관동팔경	25
관어대	33
광릉	22, 23
광한루	29
광희문	18
교동도	22
구월산	34, 35
군현지도	10
궁예 도성터	24
권율	22, 32
금강	26
금강산	24, 25
《금당초고》	5
기호 지방	26
김녕사굴	31

ㄴ

나주향교	29
낙동강	33
낙산사	25
낙안읍성	29
남한산성	22, 23
남해도	33
낭림산	37
내포 지방	26, 27
눌제	28, 29
능산리 고분군	26

ㄷ

단군대	34
당아산성	37
〈대동여지전도〉	30
《대동지지》	7, 31
덕수궁	18
덕적도	23
도담삼봉	27
도성	18

도성도	18, 19, 20
독도	24, 25
독성산성	22, 23
돈의문	18
동래읍성	32, 33
〈동여도〉	6, 10
《동여도지》	4, 7

ㅁ

마라도	30
마애삼존불	26
마양도	39
망양정	25
명활성	33
묘향산	37
무등산	29
무산 철광산	39

ㅂ

백두대간	14, 39
백두산	14, 38, 39
백령도	34
백록담	31
법주사 팔상전	26
벽골제	28, 29
보현사	37
봉산탈춤	35
〈부산진순절도〉	32
부소산성	26

ㅅ

《산경표》	12, 14
산굼부리	31
삼각산	20, 23
삼도수군통제영	28, 32
삼성사	34
삼성혈	30, 31
삼악산 등선폭포	25
삼일포	25
상당산성	27
〈서북피아양계만리일람지도〉	36, 38, 39
선죽교	23
설악산	25
성산일출봉	31
성저십리	20
《세종실록지리지》	27
소의문	18
속리산	27
송산리 고분군	26
〈수선전도〉	6
수안광산	35
수양산성	35
수원화성	23
숙정문	18
숭례문	18
숭의전	23
신헌	5

ㅇ

안면도	26
안성유기	23
안악고분	35

안주성	37
《여도비지》	4, 7
〈여지도〉	22
연백평야	34, 35
연안 인절미	34, 35
영남 지방	32
영남루	33
영동 지방	24
영릉	22, 23
영변철옹성	37
영서 지방	24
오대산	25
오대산 사고	25
오목대	28, 29
《오주연문장전산고》	5, 6
온양온천	26
왕릉	22
용두암	31
용문사	23
우도	31
울릉도	24, 25
원산포	39
월경지	16
월송정	25
유재건	5
이규경	5, 6
이목대	28
이순신	28, 32
《이향견문록》	5
임꺽정	34
임진강	23

ㅈ

장릉	22, 23
장백산	9, 39
장산곶	34
장안사	25
재령평야	34, 35
전라감영	28
전라도	28
전라우수영	28, 29
전라좌수영	28, 29
전주 한옥마을	29
정계비	39
정림사 터	26
제주 해녀	31
제주도	30
조경단	28
조선백자	22
《조선어독본》	4
조운선	23
주을온천	39
죽서루	25
중앙탑	27
〈지구전후도〉	6
지리산	33
직탄폭포	23
진남관	28
진주성	32, 33
진주성 대첩	32
진흥왕순수비	39

ㅊ

창경궁	18
창덕궁	18
창의문	18

천지	38, 39
청간정	25
〈청구도〉	5, 6, 10
청령포	25
총석정	25
최한기	5, 6, 10
충청감영	26
충청도	26
충청수영	26, 27
치악산	25
칠보산	39

ㅌ ~ ㅍ

《택리지》	27
패엽사	34
평안도	36
〈평양기성도〉	36
평양성 전투	36
《풍악내산총람》	24

ㅎ

하회마을	32
하회탈춤	32
한강	20, 21, 23
한라산	30, 31
한산도 대첩	32
한성부	16, 18, 19
함경감영	38
함경도	38
함흥본궁	38
합강정	25
해금강	24, 25
〈해동지도〉	27
해서 지방	34
해인사	33
해주읍성	34
행주 대첩	32
행주산성	22, 23
혜화문	18
호남 지방	28
호남평야	28
호서 지방	26
홍주읍성	26
황등제	28, 29
황초령비	39
황해도	34
흥인문	18

10대로	12, 20
10소장	30, 31
〈1872년 지방지도〉	34
3읍제	30
4군	36
6진	38

※ 조선 후기 도성과 8도의 전답, 민호, 인구수는 〈대동여지도〉의 팔도행정통계를 기준으로 한 것입니다.

글·지도 **최선웅**

1969년 국내 최초의 산악전문지인 〈월간 등산〉(현재의 〈월간 산〉)을 창간했으며, 1974년 지도 제작에 입문해 (주)매핑코리아 대표이사, 〈계간 고지도〉 편집장을 거쳐 현재 한국지도학회 부회장, 한국고지도연구학회 이사, 한국영토학회 이사, 한국산악회 자문위원, 한국지도제작연구소 대표로 활동 중입니다.

저서로는 《대동여지도 축쇄본》, 《대동여지도 한글 축쇄본》, 《해설 대동여지도》, 《한글 대동여지도》, 《2009년도 중학교 사회과부도》, 《전국 유명 등산지도 200산》, 《100명산 수첩》, 《백두대간 수첩》, 《한 권으로 보는 그림 한국지리 백과》, 《한 권으로 보는 그림 세계지리 백과》 등이 있고, 현재는 〈월간 산〉과 〈공간정보 매거진〉에 고지도 칼럼을 연재하고 있습니다.

그림 **이혁**

어린이들에게 감동과 호기심을 주는 유익한 그림을 그리고 있습니다.
그린 책으로는 《한 권으로 보는 그림 한국사 백과》, 《한 권으로 보는 그림 문화재 백과》, 《한눈에 펼쳐보는 한국사 연표 그림책》, 《봄 여름 가을 겨울 별자리 이야기》, 《유물과 유적으로 보는 한국사 이야기 1·2》, 《아하! 그땐 이렇게 살았군요》, 《아하! 그땐 이런 인물이 있었군요》, 《뉴스 속의 한국사》 등이 있습니다.

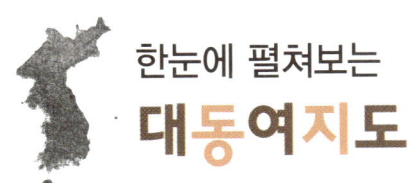

한눈에 펼쳐보는
대동여지도

1쇄 · 2018년 9월 11일 **3쇄** · 2021년 5월 4일 **글 / 지도** · 최선웅 **그림** · 이혁 **발행인** · 허진 **발행처** · 진선출판사(주)
편집 · 김경미, 이미선, 권지은. **최윤선 디자인** · 고은정, 구연화 **총무 / 마케팅** · 유재수, 나미영, 김수연, 허인화
주소 · 서울시 종로구 삼일대로 457 (경운동 88번지) 수운회관 15층 **전화** (02)720-5990 **팩스** (02)739-2129 **홈페이지** www.jinsun.co.kr
등록 · 1975년 9월 3일 10-92 ※책값은 뒤표지에 있습니다. ISBN 978-89-7221-570-7 74000 ISBN 978-89-7221-634-6 (세트)
ⓒ 진선출판사(주), 2018

진선아이 는 진선출판사의 어린이책 브랜드입니다.
마음과 생각을 키워 주는 책으로 어린이들의 건강한 성장을 돕겠습니다.